사계절처럼 다양한

직장심리
인사이트

사계절처럼 다양한

직장심리 인사이트

안정애 지음

성장하는 직장인을 위한 심리법칙 및 실전전략 50

좋은 관계를
위한 소통법

능력을
인정받는
업무 처리법

자신감 있는
멘탈 관리법

승승장구하는
자기계발법

바른북스

"열 길 물속은 알아도 한 길 사람 속은 모른다"는 속담이 있다. 이 속담은 사람의 속마음을 아는 것이 매우 어렵다는 뜻을 내포하고 있다. 만약, 직장생활을 하는 당신이 이 책을 읽는다면 도무지 알기 어려운 인간의 마음과 인간의 심리를 조금 더 깊이 이해하고 통찰할 수 있는 안목을 갖게 될 것이다.

직장생활에 대한 개념 정립조차 되어 있지 않던 20대 초반에 직장생활을 시작한 저자는 이제 완숙의 나이인 50대 중반에 접어들었다.

오랜 세월 비가 오나 눈이 오나 바람이 부나 거리에 서 있는 저 나무처럼 묵묵히 직장생활을 견뎌왔다. 그동안의 직장생활을 돌이켜 보면 가장 힘들었던 것은 몸이 아픈 것보다 직장에서 사람들과 부딪치면서 겪은 갈등으로 인해 마음이 아픈 것이었다. 상처에 뿌려진 소금처럼 마음이 따갑고 쓰리고 몹시 아팠다. 물론 아픈 마음을 스스로 극복하는 과정에서 마음의 근육이 단단해지고 내공이 쌓이기도 했다.

직장생활 초반부터 심리학을 만났더라면 그동안의 직장생활이 이렇게 힘겹지는 않았을 것이다. 심리학은 직장생활에서 자신을 지켜주는 부적이 되기도 하고, 직원들 간에 발생한 갈등과 감정의 문제를 원활하게 해결해 주어 보다 행복한 직장생활을 할 수 있게 도와주었을 것이다. 직장생활 거의 후반기에 심리학을 만났다는 것이 나에겐 커다란 아쉬움으로 남기도 한다.

이제 막 직장생활을 시작한 분들, 한창 직장생활을 하시는 분들, 퇴직을 앞두고 있는 분들이 그러한 아쉬움을 겪지 않았으면 하는 마음으로 《사계절처럼 다양한 직장심리 인사이트》라는 직장인을 위한 심리책을 출간하게 되었다.

이 책에는 봄, 여름, 가을 그리고 겨울 사계절만큼이나 다양한 사람의 마음과 변화무쌍한 직장생활에서 발생한 갈등과 문제를 심리학 이론을 통해 쉽게 설명하고 그에 따른 인사이트를 제시하고 있다. 또한 이해하기 쉽도록 저자가 그동안 느끼고 경험한 직장생활의 심리를 사례로 생생하게 담았다.

멘탈(mental)을 어떻게 관리해야 할지, 좋은 인간관계를 어떻게 만들어야 할지, 능력을 인정받기 위해 어떻게 업무를 처리해야 할지, 이직이나 퇴직의 시점은 어떻게 잡아야 할지 등 직장에서 부딪치는 많은 상황들에 적용할 수 있는 실전 노하우들이 담겨 있다.

이 책에서 소개한 심리학 이론들과 인사이트는 항상 바쁘고 업무에 쫓기는 직장인들의 마음이 다치지 않게 이끌어 주고, 인간관계에서 상처받은 마음을 치유할 수 있는 지혜를 줄 것이다. 또한 이 책을 통해 무기력한 직장인들이 삶의 활력을 되찾고, 변화를 꿈꾸는 직장인들이 자신의 마음을 들여다보고, 꺼내어 보고, 돌보면서 다른 사람의 마음도 함께 이해하는 계기가 되기를 희망한다.

제3장

직장인의
가을

제4장

직장인의
겨울

제1장

직장인의
봄

월요일부터
출근하기 싫은 직장인

1. 인지부조화

인지부조화란 무엇일까?

　인지부조화란 개인의 신념, 태도, 행동 간의 불일치 혹은 부조화 상태가 발생하면 불편함이 생기게 되고, 이를 해소하기 위해 기존의 태도나 행동을 바꾸게 된다는 이론이다.

　인지부조화 이론을 주장한 미국의 심리학자 레온 페스팅거에 의하면 어떤 목적을 이루기 위해 최선을 다했음에도 그 결과가 신통치 않을 경우 우리는 인지부조화 상태에 놓이게 되고 그 모순을 합리화하려 든다는 것이다.

　직장에서 담배를 끊겠다고 다짐하면서도 흡연을 계속하는 동료나 상사를 쉽게 찾아볼 수 있다. 흡연자들은 담배를 끊는 것보다 담배를 피우는 행동을 정당화함으로써 인지부조화를 해소하려고 한다. 흡연이 몸에 해롭다는 것을 알면서도 금연을 통해 자신의 행동을 고치는 것보다 담배가 스트레스 해소에 꼭 필요하다고 핑계를 대며 담배를 끊지 못하고 계속 피우면서 인지부조화를 합리화하는 것이다.

월요일부터 인지부조화에 빠져드는 직장인

월요일 새벽 6시 30분이다. 핸드폰 알람소리가 고요한 정적을 깨뜨린다. 직장인이라면 누구나 잘 떠지지 않는 눈을 비비고 일어났을 때, 바로 인지부조화에 빠져들게 된다. 출근하지 않고 자유롭게 살고 싶다는 이상적인 열망과 어쩔 수 없는 이유 때문에 직장에 출근해야 한다는 현실적인 자각 사이의 두 가지 상반된 갈등에 직면하게 되는 것이다.

대부분의 직장인은 자신이 직장에 다녀야 할 이유를 되뇌며 직장에 출근하게 된다. 가족을 부양해야 하거나, 대출이자를 갚아야 하거나, 카드대금을 결제해야 하거나 자기계발을 해야 하거나 등등 직장에 다녀야 할 이유는 무궁무진하다. 이러한 방식으로 인지부조화로 인한 불편한 감정을 줄이는 것을 '자기 합리화'라고 한다. 출근하기가 죽기보다 싫지만 출근해야 하는 이유를 찾아내고 내가 출근하는 것에 대한 의미를 찾아내는 것도 직장인에게는 아주 합리적인 방법인 것이다.

월요일 아침에 눈을 뜨자마자 찾아오는 인지부조화와 직장에 출근했을 때 마주치게 되는 원하지 않은 사람들과의 관계, 수많은 불편한 직장 상황들로부터 받는 스트레스는 월요병이라는 또 다른 형태의 직장인 병리로 나타나기도 한다.

인지부조화 활용 사례

인지부조화를 가장 적극적으로 활용하는 분야는 기업의 마케팅 분야라고 할 수 있을 것이다. 고객은 보통 제품과 서비스를 구매한 후 반드시 그것들에 대한 피드백 과정을 거치게 된다. 본인이 구매한 제품과 서비스가 만족스러운지, 불만족스러운지를 피드백하는 과정을 거치게 되는데, 그 과정에서 본인의 예상과 실제 제품 상태가 다르면, '인지부조화'가 발생하게 된다. 이때 고객은 '자신의 태도'를 수정하거나, '결과를 해결하려는' 선택을 하게 되는데, 후자의 경우는 환불이나 교환을 하는 행위를 의미한다. 고객이 환불 및 교환을 하는 경우는 기업의 입장에서는 불이익이 발생하기 때문에, 무조건 전자의 방법으로 유도하려고 할 것이다.

마케팅에서 '인지부조화'와 '자기 합리화'를 적극적으로 활용하는 두 가지 방법을 소개하고자 한다.

첫 번째, 고객이 '자신의 태도'를 '결과'에 맞게 수정하게 하는 것이다.

고가 전략이나 한정판 전략을 적극 활용하는 것을 예로 들 수 있는데, 고객이 본인이 구매한 상품이 고가 상품이고, 한정판이라는 인식을 갖게 해서, 본인이 구매한 제품을 쓰는 수고와 그 제품을 구입하는 데 지불했던 정신적, 육체적 노동에 대한 정당화를 통해 나중에 피드백 과정에서 이어질 환불이나 교환 가능성을 줄이는 것이다.

예를 들어, 명품 매장에서 인기 상품을 구매하려고 새벽부터 줄을 서는 등의 행위를 기업이 권장하고 묵인하는 것을 예로 들 수 있다. 이는 고객의 '인지부조화'에 의해서 발생할 위험 부담을 감소하기 위한 의도가 담겨 있는 것이다.

두 번째, 고객이 당면한 '불만족스러운 결과'를 직접 해결하려는 행위에 대한 부담을 증가시키는 것이다.

구매 회사의 복잡한 환불, 교환 절차 혹은 환불과 교환에 대한 배송비를 본인이 부담하게 하는 것이다. 막상 불만족스러운 상품에 대해 교환 혹은 환불제도를 활용하려고 하다가도, 복잡한 절차 혹은 배송비가 아깝다는 생각으로 '그냥 써야겠다' 마음먹게 하면서 자기 합리화를 하며 본인의 구입 행위 자체를 정당화하게 유도하는 것이다.

'인지부조화'와 '자기 합리화' 심리를 이용하는 기업의 마케팅 전략을 이해하고 있다면 좀 더 현명한 고객이 될 수 있을 것이다.

레온 페스팅거는 '인지부조화' 현상에 대한 오랜 연구 후에 "인간은 합리적인 존재가 아니라 자신을 합리화하는 존재"라는 결론을 내렸다. 인간은 본질적으로 이성적인 존재가 아니라 자신의 위선과 잘못, 어리석음을 정당화하기 위해 아주 놀라운 정신적 활동을 하는 존재라는 것이다. 직장인의 삶은 선택의 연속이다. 자신의 선택에 대한 결과는 언제나 만족스럽지는 않을 것이고, 그때마다 우리는 '인지부조화'를 경험을 하게 되는데 이때 지나친 자기 합리화의 함정에 빠지지 말아야 한다.

처음부터 너무 잘하려고 애쓰지 않는다

—

2. 애런슨 효과

애런슨 효과는 무엇인가?

애런슨 효과는 직장에서 성과급이 줄면 업무에 대한 태도는 점점 소극적으로 변하고 성과급이 증가하면 업무에 대한 태도가 점점 적극적으로 변하는 심리현상을 말한다. 이 효과는 미국의 심리학자 엘리엇 애런슨이 제안한 것으로, 사람들은 자신에게 좌절감을 안긴 사람이나 상황을 싫어하고, 자신에게 성취감을 안긴 사람이나 상황을 좋아하는 경향이 있다.

애런슨 효과를 보여주는 실험

애런슨 효과에 따르면 지금 결과가 좋으면 이전에 결과가 좋지 않았어도 상관없지만 반대로 지금 결과가 좋지 않으면 이전에 아무리 잘했어도 소용없다.

이와 관련된 유명한 실험이 있다. 실험에서 피실험자들을 4개의 조로 나누고 각 조에 다른 유형의 평가를 내린 후 사람들이 어느 조에서 가장 호감을 느끼는지 관찰했다.

1조 ⇒ 시종일관 비난하고 부정했다.
2조 ⇒ 시종일관 칭찬했다.
3조 ⇒ 처음에는 비난하다가 나중에는 칭찬했다.
4조 ⇒ 처음에는 칭찬하다가 나중에는 비난했다.

수십 명의 피실험자를 대상으로 실험한 결과는 어떻게 나왔을까? 대부분 3조에서 가장 호감을 느꼈고, 4조에서 가장 반감을 품었다. 왜 이런 결과가 나왔을까? 그것은 '좌절감'에 답이 있다.

처음에는 칭찬을 많이 하다가 칭찬 횟수가 줄어들고 나중에 비난을 받으면 상대적으로 좌절감을 더욱 크게 느끼고 불쾌감이나 반감을 불러일으키기 때문이다.

애런슨의 실험으로 사람들은 처음에는 자신을 부정하다가 나중에 갈수록 자신을 좋아하는 사람을 가장 좋아하고 처음에는 자신을 인정하다가 나중에 갈수록 자신을 부정하는 사람을 가장 싫어

한다는 것을 확인할 수 있다.

신입 직원에게 나타나는 용두사미

직장에서 담당 업무를 맡아 수행할 때 처음에는 성의 있게 잘하다가 나중에 기대에 못 미치는 직원들이 종종 있다. 신입 직원은 입사 초기에는 열정으로 가득하지만 시간이 지나면서 열정이 식어 버리는 경우가 많다. 처음에는 자신의 능력을 증명해 보이기 위해 최선을 다해 적극적으로 일하지만 나중에는 초심을 잃어버린다.

초반에 너무 힘을 쏟아부은 탓에 뒷심이 부족해져서 용두사미의 이미지로 전락해 버리기도 하는 것이다. 그런데, 안타까운 것은 사람들은 처음에 보였던 노력과 열정은 기억하지 못하고 나중에 나타난 실수나 결과만 기억하며 신입 직원을 평가절하한다는 것이다.

직장에서 신입 직원에게 가장 필요한 덕목은 '인내'일 것이다. 초반부터 너무 잘 보이려고 하는 어리석은 실수를 저지르지 말아야 한다. 객관적으로 자신을 파악하고 상황에 맞게 계획을 세워야 하며, 어느 정도 자신의 업무에 익숙하게 된 시점부터 자신의 능력 발휘를 위해 노력하는 지혜를 가져야 한다.

'처음처럼' 업무를 지속하는 방법

1) 철저한 업무 파악

새로운 부서에 발령받았을 때 늦게까지 야근을 하는 일이 있어도 자신의 담당 업무를 냉철히 파악하고 업무 상황을 정확히 인식하고, 업무의 목표를 명확히 설정한다.

2) 효율적 업무 방식의 선택

업무가 원하는 대로 흘러가지는 않지만 업무 방식은 얼마든지 선택할 수 있으므로 업무의 범위나 폭을 너무 크지 않게 설정한다.

3) 처음에는 조심스럽게, 나중에는 과감하게 업무를 진행

업무에 처음 접근할 때는 조심스럽게 진행하고, 나중에는 과감하게 진행시켜 자신의 능력을 펼쳐야 한다. 즉, 처음부터 너무 잘하려고 하지 않는다.

4) 정체성의 확립

자기 자신을 최대한 객관적으로 인식하고 과소평가하지도 과대평가하지도 말고 계획한 대로 흔들림 없이 업무를 추진해 나간다.

인사이트

애런슨 효과는 인간관계에서 처음부터 좋은 말만 하는 것보다 나쁜 말을 한 후 천천히 좋은 말을 하는 것이 더 바람직하다는 것을 깨닫게 해준다. 사람과 사람 사이의 관계는 결국 자기 욕구의 만족이며 우리는 다른 사람이 자기 자신에게 하는 평가를 중요하게 생각한다. 이러한 평가 자체가 주는 성취감 내지 좌절감은 특히 중요하다. 사람은 좌절감을 가져다주는 사람을 싫어하며, 성취감을 가져다주는 사람을 각별히 좋아한다.

발표를 앞두고
과도하게 긴장하는 직장인

—

3. 초킹 현상

초킹 현상이란 무엇일까?

지나친 심리적 압박감이나 중압감으로 행동이 얼어붙고 극도의
불안이 몰려오는 것을 초킹 현상이라 한다. 스포츠 심리학에서는
선수가 중요한 경기나 대회에 출전할 때 심리적으로 심한 압박을
받을 때 일시적으로 평소보다 현저하게 경기력이 저하되는 현상을
'초킹'이라 부른다.

초킹의 원인은 첫째, '분산 가설'로 지나친 긴장에 따른 불안으로
뇌의 인지적 능력이 분산되어 집중력이 떨어지기 때문이라는 것이
다. 둘째, '과도한 관찰설'로 자기 플레이에 대한 불안감으로 주의
의 방향이 지나치게 자신의 신체로 향하면서 자동화된 동작을 방

해한다는 것이다. 동작을 제대로 하고 있는지에 대한 의심 때문에 뇌가, 세세한 동작 하나하나에 신경을 쓰면서 익숙했던 동작이 어색하고 부자연스럽게 되어 타이밍 오류와 같은 실수가 발생한다. 이런 실수는 미숙한 선수보다 숙련된 선수에게 더 자주 발생한다는 것이다.

발표를 앞두고 과도하게 긴장하는 직장인

직장인이 중요한 발표나 인터뷰를 앞두고 긴장하는 것은 자연스러운 일이지만 그 정도가 지나쳐서 공포로 다가오면 그 자리에서 얼어붙게 된다. 나 또한 직장에서 이런 경험을 가끔씩 하게 되는데, 몇 년 전의 일이다.

지역교육청에서 신년도 업무에 관한 변동된 사항을 각 부서 장학사나 팀장이 나와서 안내하는 자리였는데 교육자료가 이미 배부되어 비교적 안정적으로 발표할 수 있음에도 불구하고 담당 팀장의 목소리가 어찌나 떨리고 말이 꼬이는지 듣고 있던 우리 청중에게도 불안감과 불편함이 전이되어 힘들었던 적이 있었다. 긴장된 발표불안감은 자기 자신도 힘들지만 듣고 있는 청중조차도 불편하게 만든다.

이러한 초킹 현상을 방지하기 위해서는 거울이나 핸드폰 녹음기 능을 활용해서 자신의 행동, 표정, 말투 등을 본인의 눈으로 직접 확인하여 발표 상황을 미리 시뮬레이션해 볼 수 있다. 발표할 때의 느낌, 주변의 반응, 발표 후 피드백을 받는 상황까지 연출해 보면 좋다. 이런 이미지 트레이닝을 반복하면 뇌가 발표에 익숙하게 적응되면서 긴장도 줄어들게 된다. 발표 직전이라면 복식호흡과 함께 자기암시를 하는 것도 도움이 된다.

실제로 중견 직장인인 나조차도 조직의 높은 상사 앞에서 공개적으로 보고를 해야 하는 중요한 순간에 압박감을 받으면 머릿속이 텅 빈 것 같거나, 말이 헛나오거나, 대답을 제대로 못 하는 경우를 종종 경험했다.

초킹 현상을 밝힌 미국 시카고대학의 심리학자 시안 베일락 박사는 '최고의 성과를 내놓아야 할 때 왜 어떤 사람은 성공하고 어떤 사람은 실패하는가?'라는 문제를 '압박감 상황에서의 숨 막힘 현상'으로 설명하고 있다. 압박감에 따른 과도한 긴장감 혹은 성공에 대한 강한 열망 등이 사고와 행동을 좌우하고 문제를 해결하게 하는 내부 프로그램을 제대로 작동하지 못하도록 막는 것이다.

그런데 문제는 인지능력이 높은 사람이 인지능력이 낮은 사람보다 잘못했을 때 결과를 미리 예상하고 민감하게 반응하여 그 성과가 낮게 나타난다는 것이다. 그렇다면 인지능력이 높은 사람은 이런 사실을 인지해서 더 철저하게 사전 준비를 해야 하고, 부담되는 낯선 상황을 익숙하게 만드는 충분한 연습을 해야 할 것이다.

초킹 현상의 일종으로 직장인에게 흔히 나타나는 발표불안은 부담스러운 상황에서 발표할 때 정상적인 직장인 누구에게나 당연히 찾아오는 긴장감 내지 불안감이다. 나에게만 발표불안이 나타나지 않기를 바라기보다는 발표불안과 당당히 부딪치면서 면역력을 키우고 익숙하게 만들어서 발표불안을 길들여야 한다. 스티브 잡스가 프레젠테이션의 딜인이라는 소리를 듣는 것은 충분한 연습의 결과였다. 철저히 준비하고 연습하면 자신감은 저절로 따라온다. 발표를 앞두고 프로는 준비와 연습을 하지만 아마추어는 근심과 걱정을 한다고 하는데 직장인은 프로답게 철저한 준비와 연습을 해야 한다.

직장인의 아름다운
심리적 거리

—

4. 고슴도치 딜레마 효과

고슴도치 딜레마 효과란 무엇일까?

고슴도치 딜레마 효과란 심리적 거리 효과라고도 한다. 온몸이 가시로 덮여 있는 고슴도치는 추운 겨울에 서로 몸을 따뜻하게 하기 위해 가까이 다가가지만 가시 때문에 다가갈수록 서로를 찌르게 된다. 그래서 가까이 다가갔다 떨어졌다를 반복했고 몇 차례 시행착오를 겪은 후에 서로에게 온기를 주면서도 찔리지 않는 적당한 거리를 찾아냈다. 이것이 바로 인간관계에서도 꼭 필요한 심리적 거리이다. 인간관계에 있어 서로의 친밀감을 원하면서도 동시에 적당한 거리를 두고 싶어 하는 욕구가 공존하는 모순적인 심리 상태를 말한다.

직장에서 적용되는 고슴도치 딜레마 효과

직장업무가 바빠서 대학원 과제를 하지 못해 연차를 얻어 아침부터 도서관에 갔다. 도서관은 이제 막 문을 열었다. 이때 누군가가 들어와서 그 많고 많은 자리 중에 하필이면 나의 앞자리나 옆자리에 앉는다면 마음이 왠지 불편하다. 내가 할 수 있는 선택은 좀더 멀리 떨어진 곳으로 자리를 옮기는 것이다. 사람과 사람 사이에는 적당한 거리를 두어야 마음이 편해지기 때문이다. 사람과 사람 사이에는 적당한 거리가 필요하고 모든 사람은 저마다 자기만의 공간이 필요하다. 자기 영역을 누군가 침범한다면 불안하고 때로는 화가 날 것이다.

1) 상사와의 관계

직장에서 상사와 부하 직원의 관계는 조직에서도 떼려야 뗄 수 없는 관계이다. 상사도 어떤 업무를 잘 수행하려면 부하 직원과 좋은 관계를 유지해야 한다. 하지만 상사와 부하 직원은 '친하지만 거리감 있는 협력 관계'여야 한다. 가깝지도 않고 그렇다고 멀지도 않는 거리가 가장 이상적이다. 당신이 상사라면 이처럼 적당한 거리를 유지해야 부하 직원의 존중을 받을 수 있고 업무상 원칙도 고수할 수 있다. 반대로 당신이 부하 직원이라면 선을 넘지 말아야 한다. 상사의 권위를 존중하고 스스럼없는 사이라고 예의 없이 대해서는 절대로 안 된다.

2) 동료와의 관계

직장에서 모든 사람은 가시가 달린 동물과 같다. 직장 동료도 마찬가지다. 우리는 동료로부터 인정과 도움을 원하지만 동시에 각자만의 사적인 공간도 필요하다. 따라서 직장에서는 동료들과 좋은 인간관계를 유지하되 적당히 거리를 두고 개인의 프라이버시도 존중해야 한다. 업무를 진행할 때도 마찬가지다. 포용력을 갖고 사소한 실수는 최대한 눈감아 주면서 지속적인 배려를 보여야 동료 관계도 나빠지지 않고 업무도 순조롭게 진행할 수 있다.

3) 고객과의 관계

직장에서 고객과 좋은 관계를 유지하면 당연히 업무에도 긍정적인 영향을 미친다. 이때는 인격적 독립성과 객관성을 유지해야 하고 자연스럽게 관계를 맺는 것이 좋다.

고객과 지나치게 감정적으로 관계를 맺으면 객관성을 상실하게 되고 이성적 판단이 불가능한 경우도 있다. 또한 업무를 처리할 때도 관계의 제약을 받기 쉽고 고객에게 어떻게 먼저 말을 하거나 거절해야 할지 몰라 난처한 상황에 처하는 경우도 생길 수 있기 때문이다.

인사이트

　고슴도치 효과는 직장에서 인간관계의 적당한 거리감이 아름다움을 만든다는 이치를 깨닫게 해준다. 현명한 사람은 사랑과 우정을 즐길 줄 알고 그것이 아름다울 수 있도록 충분한 거리를 조절하고 유지한다.

코로나 시국을 거치면서 우리가 학습하게 된 사회적 거리는 고슴도치에게 배울 수 있는 '최적의 거리'였다. 히루 종일 얼굴을 맞대고 생활하는 직장에서도 최적의 사회적 거리가 서로에게 위험을 줄일 수 있다. 특히 코로나가 몰고 온 '사회적 거리'는 우리에게 물리적 거리보다 더 중요한 게 '심리적 거리'라는 것을 알려주었다. 직장 동료 간에도 서로에게 일정 공간의 심리적 거리를 유지해야 관계가 더 부드럽게 오래 지속된다.

결국, 파랑새는
아주 가까운 곳에 있다

—

5. 파랑새 증후군

파랑새 증후군이란 무엇일까?

파랑새 증후군은 빠르게 변하는 현대 사회에 적응하지 못하고 현재의 일에 흥미를 못 느끼면서 미래의 막연한 행복만을 추구하는 병적인 증상이다.

파랑새 증후군은 벨기에의 작가 모리스 메테를링크의 동화《파랑새》의 주인공처럼 현실에 만족하지 못한 채 몽상에 빠져서 현재할 일에 정열을 느끼지 못하며 사회에 적응하지 못하는 직장인에게 나타나는 대표적인 현상이다.

이는 직장인이 겪는 노이로제의 일종인 신경증을 말하며 욕구불만, 갈등, 스트레스 때문에 발생하는 심리적 긴장이 신체적 증상으로 나타난 것이다. 우울증 증상으로도 나타나는데, 자살 유혹에 빠지고, 모든 일이 허무하게 느껴져 권태를 느끼며 무기력해진다. 그래서 가정이나 직장을 버리고 훌쩍 떠나버리고 싶은 충동이 일어나기도 한다. 이렇게 떠나는 사람들은 지금 있는 곳을 벗어나기만 하면 어딘가에 파랑새가 있을 것이라고 생각한다.

파랑새를 찾아 떠나는 사람들은 동화 속의 주인공이 결국 집에 돌아왔을 때 바로 집 안의 새장 속에 파랑새가 있었다는 사실, 즉 파랑새는 결국 우리 곁에 있다는 사실을 잊지 말아야 한다.

직장생활에서 파랑새 증후군 사례

직장생활을 하다 보면 가끔씩 연봉이나 복지가 더 좋은 다른 직장으로 이직하는 동료나 후배를 볼 수 있다.

나의 직장생활 초반기에는 교육행정공무원 신규 동기가 거의 6개월 정도 근무하다 H 통신으로 이직을 했고, 직장생활 중반기에는 같은 관내에 근무했던 선배 공무원이 J 병원 총무과로 이직을 했고, 직장생활 후반기에는 K 교육청에 근무하던 선배 공무원이 사업을 하기 위해 직장을 아예 그만둔 사례도 있었다.

그런데 나중에 직장을 떠난 사람들의 근황을 들어보면 "다니던 직장을 떠나 새로운 직장으로 이직해도 크게 달라진 건 없었고, 그래도 교육행정직 공무원 생활할 때가 업무도 견딜만했고, 고생도 덜해서 좋았다"는 내용이 대부분이었다. 교육행정직 공무원은 일정한 연령에 도달해서 하는 정년퇴직을 제외하고는 이직이나 사직

은 거의 손에 꼽을 정도로 많지 않다. 이것은 교육행정직 공무원의
세계가 비교적 안정적인 직업이란 의미로도 해석할 수 있다. 한번
공직에 발을 들이면 거의 정년까지 근무하게 될 것이라고 여긴다.

　직장인이라면 누구나 좋은 직장에서 더 좋은 급여조건으로 더 좋
은 복지를 누리며 근무하길 희망한다. 그런데 진정으로 모든 조건
을 다 만족시키는 좋은 직장은 아예 없는듯하다. 나도 35년 재직기
간 동안 대략 20번 정도 새로운 근무지로 발령을 받아 옮겨 다니며
근무했지만 나를 백 프로 만족시켜 주는 근무지는 단 한 곳도 없었
다. 이처럼 우리는 외부에서 파랑새를 찾을 것이 아니라 우리 내부
에 있는 마음속 깊은 곳에서 파랑새를 찾아야 한다. 항상 좋은 직장,
좋은 사람이 있는 곳을 찾아 옮겨 다닐 것이 아니라 이제부터는 스
스로가 먼저 좋은 사람이 되어 좋은 직장을 만들어 가야 한다.

파랑새 증후군을 극복하는 방법

1) 취미 생활을 즐겨라

　자신의 열정을 쏟을 수 있는 취미 생활을 한 가지 이상 갖고 적
극적으로 즐겨야 한다.

2) 중 · 장기적인 목표를 세워라

　지나치게 단기적인 목표에 얽매이기보다 중·장기적인 목표에 따
라 움직여라.

3) 직장 내의 동호회 활동에 참여하라

비공식 조직인 동호회 등에 참여해 활동하고, 직장 동료들과 인간관계를 돈독하게 하라.

4) 남의 눈치를 보지 마라

누가 나를 어떻게 평가하고, 나에게 무엇을 기대하는지 신경 쓰지 말고, 자기의 능력과 소신에 따라 움직여라.

5) 지나치게 일에 매달리지 않는다

직장에서 하다 남은 일을 집으로 가져가지 말고, 직장과 집을 구분해서 생활한다.

직장생활의 행복을 너무 멀리 있는 다른 곳에서 찾지 말고 가까운 곳에 있는 나의 직장에서 찾는 게 좋을 것 같다. 직장에서 예전에 선배에게 들었던 말이 생각난다.
"지금이 가장 좋은 때이고, 지금 하고 있는 일이 가장 좋은 일이고, 지금 함께 일하고 있는 사람이 가장 좋은 사람이다"

직장 스트레스를
집에 가져오지 않는다

—

6. 걷어차인 고양이 효과

걷어차인 고양이 효과란 무엇일까?

직장에서 상사에게 심한 모욕을 당한 아버지가 집으로 돌아와 소파에서 뛰어노는 아이들을 호되게 야단쳤다. 야단을 맞은 아이들은 억울한 마음에 옆에서 뒹굴고 있는 고양이를 힘껏 걷어찼다. 깜짝 놀란 고양이는 집 밖으로 뛰쳐나갔고, 마침, 집 앞을 지나가던 트럭 운전사가 고양이를 피하려고 핸들을 꺾는 바람에 길가에서 신호등을 기다리느라 서 있던 직장 상사가 트럭에 치였다.

이것이 유명한 심리학 이론인 '걷어차인 고양이 효과'이다. 부정적 감정의 전염으로 야기된 악순환의 반복을 설명하고 있다. 즉, 자신보다 약한 대상에게 부정적 감정을 배출해 생기는 연쇄반응을 말한다.

직장에서 볼 수 있는 걷어차인 고양이 효과

직장에서 일이 뜻대로 풀리지 않으면 짜증이나 분노의 감정을 느끼게 되는데, 이러한 부정적 감정을 곧바로 해소하지 않으면 결국 자신도 모르게 '고양이를 걷어차는 사람'이 될 수도 있다.

걷어차인 고양이 효과는 부정적 감정에서 비롯되고 부정적 감정은 자기 자신이나 타인의 비판에서 시작된다. 하지만 직장생활을 하는 사람이 어떻게 비판을 피할 수 있을까? 여기서 가장 큰 문제는 비판을 부정적 감정으로 부적절하게 전환하는 것이다. 비판 속에 담긴 근본적 원인을 객관적으로 바라보지 않고 해결책을 적극적으로 강구하지 않으면서 그저 단순하고 거칠게 감정을 배설하는 것이다.

걷어차인 고양이 효과를 피하는 방법

1) 자신의 부족함을 알아차리고 고치려는 마음을 갖는다

직장에서 누군가의 지적을 받으면 화를 낼 것이 아니라 오히려 고마워해야 한다. 세상에 완벽한 사람은 없다. 일하면서 실수할 수도 있고 어떤 일이든 완벽할 수는 없다. 상사와 부하 직원 사이나 동료 사이에는 사실상 상호 지적과 비판이 필요하다. 지적을 받는다고 부정적인 감정을 품기보다는 냉정하게 자신의 부족한 부분을 받아들이고 고치려는 마음을 가져야 한다.

2) 인내심을 갖고 상대방의 관점에서 문제의 해결책을 찾는다

직장에서 때로는 억울하게 상사에게 지적이나 비판을 들을 수도 있다. 이때는 먼저 인내심을 가지고 끝까지 경청해야 한다. 냉정함을 유지하고 상대가 말을 마칠 때까지 기다린다. 어떤 반박도 하지 않는다. 경청한 뒤에는 빠르게 문제 발생의 전후관계를 알아보거나 분석한다. 마지막으로 분석한 내용을 상사에게 적극적인 태도로 보고하고 상사의 관점에서 최대한 빨리 해결책을 내놓아야 한다.

3) 자신의 부정적 감정을 다른 사람에게 전이시키지 않는다

누군가에게 속사정을 털어놓을 수는 있지만 타인을 '화풀이 대상'으로 삼아서는 안 된다. 다른 사람의 실수로 자신을 괴롭히지도 말고 자신의 실수로 타인을 힘들게 하지도 말자.

4) 집은 휴식공간이지 감정의 쓰레기통이 아니다

직장에서 간혹 부당한 대우를 받았더라도 절대로 집으로 부정적 감정을 가져오지 않는다. 특히 가족들에게 감정을 전염시키는 것은 금물이다.

직장에서 생긴 감정을 고스란히 집으로 가져와 가족들에게 불평불만을 늘어놓거나 화를 내는 것이 가장 나쁘다. 하지만 안타깝게도 이런 일이 비일비재하다. 직장은 가정의 생계를 위한 수단이다. 집에 돌아온 후에는 직장의 스트레스를 잠시라도 내려놓아야 한다.

가정에서나 직장에서나 절대로 고양이를 걷어차는 사람이 되면 안 된다. 온갖 경쟁과 스트레스가 가득한 직장에서 냉정함을 유지하고 자신의 감정을 절제하는 것은 쉬운 일은 아니다. 가정이 행복한 삶을 살기 위한 목적이라면 직장은 목적을 이루기 위한 수단이다. 그러므로 직장인은 가정과 직장에서 자신의 감정을 철저하게 컨트롤할 수 있어야 한다. 자기감정의 버튼을 자유자재로 바꿀 줄 알아야 한다. 직장에서의 감정이 우울 모드였다면 집으로 퇴근해서는 자연스럽게 행복 모드로 바꾸어야 한다.

제3자를 통해 듣는
칭찬이 가장 효과적이다

7. 윈저 효과

윈저 효과란 무엇일까?

윈저 효과란 당사자가 아닌 제3자를 통해서 전달하는 정보나 소문이 본인에게 직접 전달하는 것보다 더 큰 효과를 발휘한다는 심리적 현상이다. 미국 출생의 작가 알린 로마네스의 미스터리 소설 《백작부인은 스파이(원제: The spy went Dancing)》에서 백작부인이 "제3자를 통해서 듣는 칭찬은 어떤 때에도 가장 효과가 있어요. 잊지 마세요!"라고 한 말에서 유래되었다고 한다.

예를 들어 어떤 사람이 "저는 매우 능력 있는 사람입니다"라고 말을 해도, 그 말을 그대로 받아들이는 것은 어려운데, 다른 사람이 "그 사람 매우 능력 있어요"라고 말한다면 납득이 가게 된다. 이와 같이 당사자의 평가보다 제3자로부터의 평가가 오히려 더 신뢰받을 수 있다.

일상생활에서 윈저 효과 적용 사례

윈저 효과는 우리 주변에서 아주 쉽게 볼 수 있는 매우 친숙한 심리효과다. 우리는 평일에 친한 지인과 약속이 있을 때 좋은 카페나 음식점을 찾게 되는데 이때 갈만한 음식점의 리뷰를 검색한다. 익명의 리뷰 정보임에도 불구하고 실제로 방문한 사람에 의한 솔직한 의견이라고 생각되기 때문에, 음식점이 스스로 홍보하고 있는 정보와 비교해 신뢰할 수 있다고 느끼게 된다. 음식점을 찾을 때 이외에도 쇼핑하기 전에 상품 사이트의 리뷰를 보거나 새로 개봉한 영화의 감상을 리뷰로 검색하는 등 우리는 거의 매일 일상적으로 리뷰 정보를 활용하고 있다. 이처럼 윈저 효과는 우리의 행동과 의사결정에 아주 큰 영향을 미친다.

직장생활에서 윈저 효과 활용 방법

윈저 효과는 직장생활에서도 사용할 수 있다. 예를 들어 총무과 민원팀장에게 "언제나 미소가 멋지세요"라고 칭찬했다고 하면 솔직하게 받아들이는 사람도 있겠지만 '당연, 아부겠지' 아니면 '평상시 늘 하는 립서비스겠지'라고 의심해 버리는 사람도 적지 않을 것이다. 이때 윈저 효과를 이용하는 것이다.

"언제나 웃는 얼굴이 멋지다고 과장님이 말씀하셨습니다"또는 "항상 웃는 얼굴이 멋지다는 게 총무과 직원들의 공통된 생각입니다"이렇게 제3자의 의견으로 칭찬하는 말을 하면 설득력이 높아지는 것이다. 또는 직장에서 상사가 나의 얼굴을 보면서 직접 "당신의 업무 능력을 높게 평가한다"라고 말하는 것보다 친한 직장 동료를 통해 "당신의 상사가 A 실장은 미래가 촉망되는 인재라고 말하는 것을 들었다"로 전달받으면 더 신뢰성 있게 들린다.

윈저 효과를 이용하여 당사자가 없는 곳에서 그 사람을 칭찬하면 그 칭찬의 효과는 더욱 높아진다. **"제3자의 칭찬이 어떤 때에도 가장 효과가 있다"**라는 것이 윈저 효과의 가장 기본적인 사용 방법이다.

인사이트

윈저 효과는 제3자를 통해 상대방에 대한 칭찬을 하면 직접 대놓고 칭찬을 하는 것보다 몇 배의 더 큰 효과를 발휘하는 심리적 효과이다. 즉 윈저 효과는 단순하면서도 사람에게 무엇인가를 호소하고 싶을 때에도 큰 힘을 발휘한다. 말의 설득력을 높이기 위한 심리 스킬로써 윈저 효과를 꼭 사용해 볼 것을 권장한다.

자주 보면
좋아진다

—

8. 에펠탑 효과

에펠탑 효과란 무엇일까?

에펠탑 효과란 처음에는 싫어하거나 무관심한 대상이었지만 반복해서 자주 접촉하면 시간이 지날수록 호감도가 증가하는 현상을 일컫는 심리학 용어이다. 한마디로 자주 보게 되면 정이 들고, 정이 들면 좋아지게 된다는 뜻이다. 이 용어는 프랑스 파리의 상징인 에펠탑의 건립 과정과 관련이 있다.

1889년 3월 31일, 프랑스는 프랑스대혁명 100주년을 기념하기 위한 철탑인 에펠탑을 파리 중심에 건립하고자 했다. 프랑스 시민들은 파리 시내에 흉물스러운 철탑이 들어선다며 반발했다. 하지만 막상 에펠탑이 완공되어 가는 모습을 보면서 시민들의 생각은 점차 달라지게 되었다.

즉, 매일 에펠탑의 공사 과정을 지켜보면서 에펠탑이 눈에 익숙해지게 되었고, 완공 시에는 매력적으로까지 보이게 됐기 때문이다. 처음에는 비호감이었는데 자주 보게 되면서 점차 호감으로 변하는 현상을 일컬어 에펠탑 효과라고 하게 되었다. 건립 당시에는 흉물스러운 철탑으로 그토록 많은 이들의 미움을 받았던 에펠탑이 이제는 프랑스 파리하면 떠오르는 대표적 랜드마크로 전 세계 사람들의 사람을 듬뿍 받고 있는 것이다.

직장에서의 에펠탑 효과

S 교육청에 근무할 때 K 직원이 우리 부서에 발령받아 인사를 왔을 때 우락부락한 첫인상이 별로 좋지 않아서 직장 내 갈등을 일으키지나 않을까 걱정을 한 적이 있었다. 그렇지만 K 직원은 한 달이 채 지나지 않아 기존 직원들과 잘 어울렸고 칭찬을 독차지하게 되었다.

아침에도 일찍 출근해서 사무실 문을 열어 환기를 시켰고, 복사기나 사무용 기기의 전원을 미리 켜놓는가 하면, 외부에서 걸려오는 전화도 먼저 받아 친절히 응대하였으며 본인이 맡은 업무도 신속하고 책임감 있게 처리하였다. 처음에 보았을 때는 그렇게 못생겨 보이고 좋지 않았던 인상이 일주일, 한 달, 일 년이 지나면서 점점 더 좋아졌고 준수해 보이기까지 했다. 미혼 남성 직원이었는데 지인이나 친척 중에 또래의 괜찮은 미혼 여성이 있다면 소개까지 해주고 싶어졌다. 처음에는 비호감형이었는데 자주 보게 되면서 점점 호감형으로 변하게 된 것이다.

에펠탑 효과 실험 결과

에펠탑 효과는 폴란드 출신의 미국 사회심리학자인 로버트 자이언스에 의해 과학적으로도 증명이 됐다. 자이언스는 대학생들에게 12장의 얼굴 사진들을 무작위로 여러 번 보여주고 얼마나 호감을 느끼는지를 측정했다. 그는 사진을 보여주는 횟수를 0회, 1회, 2회, 5회, 10회, 25회 등 여섯 가지 조건으로 나누고 호감도를 분석했는데, 사진을 보여주는 횟수가 증가함에 따라 호감도도 증가하는 것으로 나타났다. 즉 전혀 모르는 사람의 사진도 자꾸 반복해서 보게되면 친근감이 생겨 호감을 느끼게 된다는 결과가 도출된 것이다.

 인사이트

직장생활을 하면서 직장 상사, 직장 동료, 직장 부하 그리고 유관기관 직원들까지 참으로 많은 사람들을 만난다. 이런 다수 사람들과의 인간관계에서 호감을 얻고 싶다면 더 자주 부딪치고, 더 자주 만나서 정성을 쏟는 것이 좋다. 자주 만나면서 인간적인 면모나 매력을 발산한다면, 나에 대한 인상은 어색함이나 껄끄러움에서 호감으로 발전될 수 있을 것이다.

첫인상이
모든 걸 좌우한다

—

9. 후광 효과

후광 효과(Halo effect)란 무엇일까?

후광 효과는 사람이 특정 대상이나 사람에 대해 한 가지 긍정적인 특성을 보았을 때, 그것이 그 대상 전체에 대한 긍정적인 인식으로 확장되는 심리적 현상을 말한다. 이 용어는 '어떤 사물의 뒤에서 빛나게 하는 배경'이란 뜻으로 심리학자 에드워드 손다이크(Edward Thorndike)에 의해 1920년대에 도입되었다.

교수들이 학생들의 리포트를 보고 채점을 할 때도 후광 효과가 작용한다고 한다. 첫 번째 학생의 답안이 주는 강한 인상에 의해 나머지 문항을 유사하게 채점하거나, 답안 내용보다는 학생들의 평소 태도나 기존 인식에 근거해 채점한다면, 이것도 후광 효과가 작용한 것이다.

직장에서의 후광 효과 사례

직장에서 후광 효과는 직원을 채용하거나 업무 실적을 평가할 때, 다면평가를 시행할 때도 두드러지게 나타난다. 특히 면접관들이 직원채용 면접을 할 때 그들의 부분적인 특성인 외모나 인상, 말하는 것만 보고 조직에 잘 적응할 사람이라고 판단하는 경우가 많다. 또한 직장에서 어떤 직원이 특정 업무에서 뛰어난 성과를 보였다면, 관리자는 그 직원이 다른 모든 영역에서도 뛰어날 거라고 판단할 가능성이 높다. 마지막으로 다면평가를 시행할 때 어떤 직원이 평상시 친절하고 사교적이라면, 동료들은 그의 전문성이나 업무 수행 능력에 대해서도 대부분 긍정적으로 평가하는 경향이 있다.

1) 업무 성과와 전반적인 능력 평가

Y 교육청 A 직원은 프로젝트를 성공적으로 완료한 적이 있다. 이로 인해 상사는 A 직원이 모든 업무에서 능력이 뛰어나다고 판단하였다. 이는 후광 효과의 전형적인 예로, 한 가지 성과가 전반적인 능력에 대한 평가에 영향을 미친다.

2) 대인관계와 업무 능력 평가

Y 교육청 B 직원은 항상 밝고 친절하며 동료들과 잘 어울린다. 이로 인해 동료들은 그의 업무 능력까지도 긍정적으로 보게 되었

다. 사실 B 직원의 업무 능력은 평균 정도였지만, 그의 친절함과 밝은 성격이 후광 효과를 일으켜 업무 능력까지도 긍정적으로 인식되게 만들었다.

3) 외모와 전반적인 인상

Y 교육청 C 직원은 항상 멋지게 옷을 잘 차려입고 깔끔하다. 이로 인해 동료들은 C 직원이 세심하고 조직적인 사람이라고 판단하였다. 이 역시 후광 효과의 한 예로, 외모와 첫인상이 전반적인 인상에 영향을 미칠 수 있다.

후광 효과 실험 결과

심리학자 에드워드 손다이크가 후광 효과를 연구하기 위해서 사용한 방법으로는 군대에서 상관이 부하를 평가하는 태도에 관한 것이었다. 손다이크는 군부대의 장교들에게 부하들이 각자 가지고 있는 지능이나 성격, 리더십, 체력 등 여러 가지 측면을 모두 종합적으로 판단해서 부하를 평가해 보라고 요구하였다.

이 실험을 통한 결과는 매우 명확하게 나타났다. 장교들은 군부대 안에서 다른 사람들에게 모범적인 병사라고 평가받는 일부 병사들과 관련해서는 그의 실제 특성이 어떠한지와는 무관하게 대부분의 항목에서 매우 높은 평가를 주었다. 반면에 다른 병사들에 비해서 뛰어나지 않다거나 혹은 부대 안에서 조용하게 생활하여 잘 눈에 띄지 않는 병사들에 대해서는 대부분의 항목에서 평균 점수

이하로 평가하였다. 장교들은 이른바 모범 병사들이 그렇지 않은 병사들과 비교했을 때 사격도 더 잘하고 군화도 더 깨끗하게 잘 닦으며, 군사전략을 짤 때도 더 좋은 실력을 보일 것이라고 평가하였다. 손다이크는 이 연구를 바탕으로 후광 효과를 밝혀냈다.

후광 효과는 직장에서 매우 중요한 역할을 한다. 그러나 이는 때때로 어떤 직원에 대한 과대평가나 편견을 불러일으키기도 하므로, 관리자나 동료들은 이를 인식하고 조심스럽게 대응해야 한다. 또한, 후광 효과를 이용하여 자신의 강점을 강조하고, 긍정적인 인상을 남기는 데도 활용할 수 있다. 그러나 항상 공정성과 진실성을 유지하면서 이루어져야 한다. 이렇게 후광효과는 직원에 대한 공정한 평가를 어렵게 만들 수 있기 때문에, 항상 인식하고 있어야 한다.

언제나 웃는 얼굴의 마스크를
쓰지 않는다

—

10. 스마일 페이스 증후군

스마일 페이스 증후군(Smile face syndrome)이란 무엇일까?

스마일 페이스 증후군(Smile face syndrome)은 민원인이나 고객을 대할 때 항상 밝은 모습을 유지해야 한다는 강박에 슬픔이나 분노와 같은 감정을 제대로 발산하지 못하고 심리적으로 불안정한 상태를 말한다. 실제 감정을 억제한 채 늘 웃는 얼굴로 고객에게 서비스하는 감정노동자나 경쟁에 내몰리는 직장인에게 흔히 보이는 스트레스 증상이다. 스마일 페이스 증후군은 주로 고객 서비스와 밀접한 관련이 있는 직업에서 발생하며, 이는 직원들이 고객 만족을 위해 자신의 진실된 감정을 억제하고 끊임없이 긍정적인 모습을 유지해야 하는 상황에서 기인한다.

직장에서의 스마일 페이스 증후군

최근에 높은 경쟁률을 통과해서 들어온 젊은 MZ 공무원들이 3년을 채우지 못하고 줄줄이 퇴사하는 이유 중의 하나가 급여가 낮은 것 말고도 "진상 민원인을 대처하는 게 힘들다"는 이야기를 들은 적이 있다. 소위 '진상'들은 친절하게 응대해도 쉽게 욕을 하거나 올바른 정보를 전달했어도 맘에 안 든다고 화를 내기도 한다. 혹시 작은 실수가 발생하여 무조건 죄송하다고 사과해도 더욱더 무례하게 군다. 이런 상황과 직면했을 때 받는 스트레스는 가히 직장을 그만두고 싶을 정도일 것이다. 거기다 민원부서는 무조건 친절하게 응대하라고 교육을 받다 보니 나중에는 자신의 감정을 잃어버리는 기분에 빠져들게 된다.

스마일 페이스 효과의 실험 결과

스마일 페이스 효과는 일본 쇼인여대의 나쓰메 마코토 교수가 처음 사용한 심리용어다. 마코토 교수에 의하면 서비스직에 종사하는 여성들의 경우 언제나 미소를 짓고 있는 것이 자신의 고용상태를 지속하는 데 영향을 미친다고 생각한다. 그래서 자신의 마음 상태와 상관없이 언제나 미소를 짓는 경향이 있다고 했다. 스마일 페이스라는 가짜 표정의 가면을 쓰고 슬픔과 분노를 감추고 있는 것이다. 흡사 가면 우울증(Masked depression)과 유사한데, 가면 우울증은 다양한 신체와 정신의 증상으로 나타나는 우울증을 감추는 측면이 있지만 스마일 페이스 증후군처럼 명랑하게 보이는 부분을 반드시 전제하지 않는다. 스마일 페이스 증후군은 식욕 감퇴, 불면증, 무력감, 회의감 등의 증상을 동반한다.

스마일 페이스 효과가 나타나는 다양한 직업 사례

1) 의료진
의사나 간호사는 환자나 환자 가족의 걱정과 불안을 진정시키며, 때때로 고통스러운 소식을 전하면서도 진정성 있는 위로를 제공해야 한다.

2) 콜센터 상담원
전화나 온라인을 통해 고객의 문제를 해결하면서, 불만이나 화가 난 고객을 달래야 하며, 이 과정에서 자신의 스트레스를 관리해야 한다.

3) 영업 및 판매 직원
제품이나 서비스를 판매하면서 고객에게 호의적인 인상을 주어야 하고, 거절이나 비판에도 불구하고 긍정적인 태도를 지속해야 한다.

4) 바리스타 및 레스토랑 서버
카페나 식당에서 일하는 이들은 주문을 받고, 음식을 서빙하며,

고객의 불평을 처리하는 동안 지속적으로 친절을 유지해야 한다.

5) 항공기 승무원

탑승객의 안전과 편안함을 책임지면서도, 긴 비행시간 동안 항상 밝은 얼굴로 서비스를 제공해야 한다.

6) 호텔리어

호텔 직원들은 고객의 체크인부터 체크아웃까지 다양한 요구 사항을 친절하게 처리해야 하며, 때로는 예상치 못한 상황에서도 미소를 잃지 않아야 한다.

7) 교사

교육자는 학생들 앞에서 늘 긍정적이고, 동기를 부여하는 태도를 보여줘야 하며, 때로는 학부모와의 어려운 상호작용에서도 이런 태도를 유지해야 한다.

8) 연예인

대중의 사랑과 관심을 받는 연예인들은 어제 식을지 모르는 인기에 대한 부담을 느낀다. 말도 안 되는 악성 댓글에 시달려도 언제나 밝은 얼굴로 자신을 포장하기 때문에 문제가 된다. 우울증에 걸린 연예인들은 자살이라는 극단적인 방법을 선택하기도 하는데 이는 사회에 큰 파장을 일으킨다.

이 외에도 많은 서비스 관련 직업에서 스마일 페이스 증후군이 발생할 수 있다. 이러한 직업에서 일하는 사람들은 감정노동의 부담을 덜기 위해 직장 내외에서 적절한 지원을 받을 필요가 있으며, 이는 개인의 정신 건강뿐만 아니라 직장의 생산성 향상에도 긍정적인 영향을 미친다.

 인사이트

스마일 페이스 증후군을 방치하고 자신의 감정을 계속 억누르다 보면 본인 스스로가 어떤 감정을 느끼는지도 모르는 상태가 될 수 있다. 점점 더 감정에 대해 무감각해지는 증상 내지 자기 환멸과 같은 우울증에서 벗어나기 위해 꾸준히 가면을 벗으려는 노력을 해야 한다. 또한 직업적으로 스트레스에 시달리는 자신의 상태를 객관화하고 진짜 자신의 감정과 자기 자신을 존중해야 한다. 스마일 페이스 증후군을 방지하기 위해서는 조직 차원의 노력이 절실히 필요하다.

우선, 감정노동자들을 대하는 사회 구성원 전체의 인식개선에 대한 홍보가 필요하고, 이들이 경험하는 고통을 미리 예방하는 교육이 필요하고, 이들을 위한 상담 및 복지제도의 지원이 필요하다.

제2장

직장인의
여름

가상의 고립에서
벗어나야 한다

—

11. 포모 증후군

포모 증후군이란 무엇일까?

포모 증후군이란 자신만 뒤처지거나 소외되는 것에 두려움을 가지는 증상으로 소외되는 것에 대한 두려움을 뜻하는 영문 'Fear Of Missing Out'의 앞글자를 딴 '포모(FOMO)'와 일련의 병적 증상인 증후군(Syndrome)을 조합한 용어이다. 우리말로는 '소외 불안 증후군' 또는 '고립 공포감'으로 불린다.

포모 증후군은 자신만 세상의 흐름을 놓치고 있는 것 같은 심각한 두려움 내지 세상의 흐름에 자신만 소외가 되고 있다는 공포를 나타내는 일종의 고립 공포감을 말한다. 원래 포모 증후군은 마케팅 관련 용어로 한정 세일, 마감 임박 등을 강조하는 마케팅을 기반으로 하는 것인데, 기회를 놓치는 가능성에 대해서 두려움을 가지고 이것을 쟁취하게 만드는 것을 뜻하기도 한다. 포모 증후군이 발생하는 가장 큰 이유는 남들과 자신을 비교하는 것인데, 평소에 일상생활을 하면서 남들과 자신을 비교하는 습관을 많이 가진 사람들에게 포모 증후군 증상이 많이 나타난다. 최근에는 재테크 방법으로 다른 사람들이 주식과 부동산에 투자하는 것을 보고 안 하면 안될 것 같은 불안한 마음에 서둘러 투자했다가 손해를 본 사람들도 많았다. 이렇게 포모(FOMO) 증후군은 마케팅 용어로 시작해서 사회병리 현상을 설명하기 위한 심리학 용어로 사용되고 있다.

포모 증후군 적용 사례

'포모'라는 말을 처음 사용했던 미국의 벤처 투자가인 패트릭 맥기니스는 매주 금요일을 놓쳐서는 안 된다는 압박감을 느끼면서 하룻밤에 파티 7개를 다니다가 이 '포모'라는 표현을 떠올렸다고 한다.

포모 증후군이 부각된 결정적 계기는 SNS의 확산이다. 직장인들은 하루 중 많은 시간을 SNS에 매달린다. 더 빨리 더 새로운 정보를 강박적으로 알고 싶기 때문이다. 업무를 하거나 식사를 하면서도 스마트폰을 습관적으로 들여다보기도 한다.

누가 어떤 정보를 공유했는지, 다른 사람들은 요즘 누구를 만나고 어떤 취미 생활을 즐기고 있는지, 어디를 다니는지 습관적으로 타인의 행위를 관찰하고 정보를 얻는다. 유행에 뒤처지지 않을까 불안해하며 유행하는 제품을 따라 사고, 남들이 하는 것을 강박적으로 따라 한다.

즉, 심리적으로 가상의 고립을 만들어 불안해한다. 이러한 포모 증후군은 코로나 상황을 거치면서 더욱 심화되었다. 코로나로 대면 모임이 줄고 비대면 모임이 늘어나면서 소외감에 대한 심리적 불안감이 증가했기 때문이다. 소외에 대한 두려움이 높은 사람일수록 강박적으로 SNS를 이용한다는 연구 결과도 있다.

포모 증후군 자가 진단

1. 주위에서 하는 것들을 보면 나도 해야만 할 것 같고, 내가 하지 못하는 것에 대해 질투심과 소외감이 느껴진다.

2. 유행하는 물건은 일단 사고 본다.

3. 대화할 때 내가 모르는 주제가 나오면 불안하다.

4. 모임이 있으면 무조건 참석해서 분위기를 따라가야 마음이 편하다.

5. 여행지에서 남들이 "여기 오면 꼭 봐야 한다"는 곳은 필수 코스로 정한다.

6. 핫플레이스나 핫한 음식은 반드시 사진을 찍어 SNS에 올린다.

7. 대화에 끼려고 주변 사람들이 재미있다는 드라마를 취향과 상관없이 본다.

8. 주말이나 휴일에도 인맥 관리 때문에 SNS를 손에서 놓기 힘들다.

※ 위의 제시문 중에서 5개 이상을 체크했다면, 포모 증후군을 의심해 볼 수 있다.

포모 증후군 극복 방법

1) 싱글태스킹(Single-tasking)

현대 사회에서 동시에 다양한 일을 처리할 수 있는 멀티태스킹 (Multi-tasking)이 사회적으로 능력을 평가하는 잣대가 되었지만, 생산성이 가장 높은 것은 한 가지 일에만 집중하는 싱글태스킹 상태이다. 2개 이상의 일을 동시에 하면 할수록 집중도가 떨어지고 일의 효과도 현저하게 저하된다. 지금 현재 한 가지 일에 집중하는 싱글태스킹이 포모 증후군을 극복하는 데 도움이 된다.

2) 공감 능력 키우기

불안감과 외로움을 극복하기 위해서는 '공감 능력'이 중요하다. 공감 능력을 키우려면 SNS나 기계와 나누는 대화보다 사람과 마주하고 나누는 깊은 대화가 필요하다. 상대와 대화를 나누는 순간에도, 대화에 오롯이 집중하지 못하고 다른 기회들을 생각해 내느라 대화 속으로 깊이 들어가지 못할 때가 많다.

현재에 집중하지 못하면 깊은 관계를 맺을 수 있는 기회도 놓치고 불안과 외로움에서 벗어나기 힘들다. 같은 공간을 공유하고 직접 대면해서 공감대를 형성하고 즐거움을 함께하는 것이 도움되는데, 이러한 '진짜 관계'를 통해 자신과 사랑하는 사람들의 존재를 느낀다면 포모 증후군을 극복하는 데 상당한 도움이 된다.

3) SNS 이용 빈도와 시간 줄이기

포모 증후군을 극복하는 가장 효과적인 방법은 SNS를 끊는 것이다. 하지만, 현대인들에게 이미 필수로 자리 잡은 SNS를 아예 끊는다면, 뒤처진다는 생각에 오히려 불안감만 높아질 것이다. 따라서 SNS와의 연결은 유지하되, 이용 빈도와 시간을 줄이려는 노력이 필요하다. 이용 시간과 주기를 정해놓고 그때만 사용하려고 노력하는 것이다. 또한, 다른 사람의 행동을 무조건적으로 모방하지 않는 것도 중요하다. 다른 사람의 행동이 나의 행동의 동기가 되지 않도록 하기 위함이다.

 인사이트

　　미국의 심리학자 매슬로의 '인간 욕구 5단계 이론'에 따르면 인간은 누구나 다섯 가지 욕구를 가지고 태어난다. 1단계 욕구인 생리 욕구부터 2단계 안전 욕구, 3단계 소속 욕구, 4단계 존경 욕구, 5단계 자아실현 욕구가 있다. 여기서 인간이 다른 동물과 차별화되는 지점이 사회적 욕구인 소속 욕구이다. 인간은 생리 욕구와 안전 욕구를 충족하면 집단을 이루고 소속되어 동료들과 교제하고 인정받고 싶은 소속과 애정 욕구로 나아간다. 그런데 어딘가에 소속되지 못하고 타인과 연결되지 못하면 외로움이나 사회적 고통을 느끼고, 스트레스에 취약해지면서 불안과 열등감에 시달리게 된다. 소속감의 결여는 사회적 감정의 결여와 같아서 타인과의 교감을 통해 해소할 수 있는데, 그렇게 하려면 집단에 소속되고 흐름에서 벗어나지 않아야 한다고 생각하는 것이다. 직장인들은 바쁘다 보니 내가 정말 좋아하는 것이 무엇이고, 원하는 것이 무엇인지 고민하기보다는 그저 유행을 따라가는 경우가 많다. 점심시간만이라도 스마트폰을 잠시 내려놓고 직장 동료들과 커피 한잔 마시며 깊은 대화를 나누거나, 햇빛을 받으며 직장 주변을 잠깐 산책해 보는 것도 포모 증후군 극복에 도움이 될 수 있다.

직장에는
사적 영역이 없다

—

12. 어항 효과

어항 효과란 무엇인가?

　직장 사무실이나 집에서 간혹 사방이 투명한 어항에 금붕어를 키워본 적이 있을 것이다. 어떤 방향에서 보아도 어항 안의 상황이 금방 한눈에 들어온다. 실제로 직장을 어항에, 직원을 금붕어에 비유할 수 있다. 어항 안에 설치한 풍차 모형 뒤에 숨으면 보이지 않을 것이라고 착각하는 금붕어처럼 직장에서 직원들도 구석진 곳에 숨으면 개인적인 프라이버시를 보호할 수 있다고 착각한다. 하지만 실제는 전혀 그렇지 않다는 것을 알 수 있다. '어항 효과'는 일본의 '베스트덴키'라는 기업의 회장 기타다 미츠오가 사용한 용어인데 밖에서 유리를 통해 어항 속 모든 상황을 한눈에 볼 수 있다는 것이다. 그래서 심리학에서 '투명 효과'라고도 부른다. 미츠오는 회사에서 사적 영역을 없애는 것을 넘어 기업 경영의 투명성을 한층 강화하는 것이 훌륭한 관리 방식이라는 것을 강조하였다.

직장에서의 '어항 효과' 내지 '투명 효과'는 직원들의 업무 과정과 결과가 투명하게 공유되고 관리되는 것을 의미한다. 그 결과로써, 업무의 효율성이 증가하고 팀원 간의 신뢰가 높아질 수 있다. 또한, 이것은 리더십에 대한 높은 수준의 투명성을 요구하며, 이는 조직의 결정 과정에 대한 이해를 증진시키고, 직원들의 참여와 약속을 높이는 데 기여할 수 있다.

그러나 이러한 접근 방식은 과도한 감시와 공개로 인해 개인의 프라이버시를 침해하거나 스트레스를 유발할 수 있음을 주의해야 한다. 따라서 적절한 균형을 찾는 것이 중요하다. 투명성도 필요하지만, 개인의 존중과 프라이버시 보호가 동시에 고려되어야 한다.

직장에서 '앉는 자리' 선택의 심리적 단계 변화

직장 내 사무실에서 자리를 마음대로 고를 수 있다면 당신은 어떤 자리에 앉고 싶은가?

선택 1) 출입문 근처 자리에 앉고 싶은가?

☞ 이 자리는 사무실에 왕래하는 사람들과 소통하기가 가장 좋고 외부 방문객에게 자리를 안내하는 역할을 맡을 수 있다.

선택 2) 창가 자리에 앉고 싶은가?

☞ 이 자리는 채광이 좋고 업무를 처리하다 가끔 창밖의 풍경을

감상할 수 있다.

선택 3) <u>구석진 자리를 원하는가?</u>

☞ 이 자리는 일단 마음이 편하고 일하는 다른 사람이 무엇을 하는지 절대로 눈에 띄지 않을 것처럼 보인다.

30년 이상의 경력이 쌓이면서 나도 또한 사무실 자리에 대한 각기 다른 심리적 단계를 거쳤다. 신규 공무원일 때는 가장 구석진 자리에 앉고 싶었고, 중견 공무원일 때는 가장 편안한 자리가 탐이 났고, 관리자가 되자 모든 직원을 한눈에 볼 수 있는 시야를 가리지 않는 탁 트인 자리를 원하게 되었다.

많은 관찰과 연구를 통해 이와 같은 직장에서의 자리 선점 심리는 업무 성격에 따라 결정될 뿐 아니라 업무 능력과 태도에 따라서도 결정된다는 사실이 밝혀졌다. 구석진 자리를 선호하는 직장인 유형은 대부분 자신의 컴퓨터 화면을 다른 사람에게 보이고 싶지 않다는 것이 가장 직접적·심리적 이유일 것이다. 실제 업무도 남 앞에 성과를 드러내고 싶지 않거나 특별한 업무 성과가 없다 보니 공간적으로 구석진 자리를 선호하는 경향이 나타났다. 하지만 구석진 자리에 앉는다고 해서 정말 근무 태도가 타인에게 보이지 않을까? 그건 절대로 잘못된 생각이다.

직장에서의 어항 효과 사례

1) 조직의 비전과 목표 공유

조직의 장기적인 비전과 단기적인 목표를 모든 구성원들과 공유함으로써, 각자의 업무 역할이 어떻게 전체 목표와 비전에 연결되는지 이해할 수 있게 해준다.

2) 공유된 업무 플랫폼 사용

업무 플랫폼은 프로그램 도구를 사용하여 조직 내 구성원들 간에 업무 상황을 실시간으로 공유하는 것이다. 이는 구성원들의 업무 진행 상황을 확인하고, 필요한 지원을 제공하며, 누가 어떤 일을 담당하고 있는지를 명확하게 알 수 있게 해준다.

3) 정기적인 피드백 세션

구성원들이 서로에게 정기적으로 피드백을 제공하고, 상호작용하는 시간을 가지는 것이다.

이는 구성원들의 더 나은 커뮤니케이션을 촉진하고, 문제 해결을 위한 다양한 아이디어를 제공한다.

4) 운영진의 결정 공개

운영진이 조직의 주요 결정을 내리는 과정을 투명하게 공개함으로써, 구성원들이 그 결정에 대한 이해를 높이고, 참여와 약속을 높일 수 있다.

5) 급여 및 보상 공개

몇몇 조직들은 투명성을 높이기 위해 급여 및 보상 체계를 공개한다. 이는 구성원들 사이의 불공정한 차별을 제거하고, 급여 증가에 대한 명확한 기준을 제공하는 기회가 된다.

직장을 무대로 직장생활을 하는 직장인의 일거수일투족은 모두 투명하게 보인다는 사실을 잊지 말아야 한다. 공적 영역의 업무는 직장의 업무 관리 시스템으로, 사적 영역은 직장 내 메신저나 직장 동료의 눈과 귀를 통해 모두 감시당하고 공개된다. 직장인은 마치 투명한 어항 속에 있는 금붕어와 같은 존재라는 사실을 잊지 말고 자신의 말과 행동을 조심하고 살피면서 직장생활을 해야 한다.

침묵할 줄 알아야
소통할 수 있다

—

13. 굿맨 효과

굿맨 효과란 무엇일까?

굿맨 효과는 침묵 효과라고도 하며 미국 캘리포니아대 심리학 교수 '굿맨'에 의해 처음 제기된 이론이다. 굿맨은 "침묵은 말하는 것과 듣는 것을 조절한다. 대화에서 침묵이 하는 역할은 수학에서 제로(Zero) 역할에 해당한다. 비록 제로이지만 아주 중요한데 침묵 없이는 어떤 교류도 할 수 없다"고 말했다.

굿맨은 정치 및 기업 분야의 역사상 인물들을 많이 연구했는데, 프랑스 국왕 루이 14세의 습관을 강조하며 자신의 이론을 설명했다. 신하들이 어떤 정치적 견해 때문에 옥신각신 다툴 때마다 루이 14세는 한쪽에 앉아 조용히 듣고 있다가 서로의 다툼이 끝날 때까지 기다린 후 "고려해 보겠소"라고 말한 후 자리를 떠나곤 했다.

　오랫동안 "고려해 보겠소"라는 말은 루이 14세가 여러 가지 문제에 대응하는 전형적인 대답이 되었는데 그의 과묵함은 신하들이 진짜 의도를 알아차릴 수 없게 만들었고 신하들은 그저 두렵고 불안하여 그의 명령에 따를 수밖에 없게 되었다.

　이처럼 루이 14세는 적당히 침묵함으로써 그의 권위를 굳혔고 프랑스의 중앙집권도 그의 손에서 절정에 달했다. 루이 14세를 극도로 싫어했던 성 시몬 공작조차 인정할 수밖에 없어 이렇게 표현했다. "그는 기적을 만들었다. 그의 위상 역시 침묵으로 인해 더 높아졌다"

굿맨 효과 사례

　대인관계에서 자신의 관점을 표현하는 것은 필요하다. 그러나 대부분의 경우 적당한 침묵은 목이 터지게 다투는 논쟁보다 더 쉽게 두려움을 불러일으키는 효과가 있다. 나아가 상대방을 믿고 복종하게 만들 수 있다. 침묵을 아는 사람은 의사소통 중에 조용히 브레이크를 걸 수 있다. 또한 침묵으로 자신의 진짜 생각과 의도를 숨김으로써 시기가 무르익을 때 한 번에 주도권을 잡을 수도 있다.

　말로 상대를 억누르고자 한다면 말을 할수록 그 의도가 탄로 날 가능성이 크다. 적당히 침묵함으로써 더욱 효과적으로 자신의 신체언어를 통제하고 상대에게 자신의 의도를 알아차릴 수 없게 만든다. 침착하지 못한 사람은 늘 냉정한 사람 앞에서 실패하고 만다. 그 이유는 너무 급하게 자신을 표현하고 자신이 처한 상황과 위치를 고려할 시간 없이 결국 자신의 약점을 노출시키기 때문이다.

당연히 일상생활에서 이렇게 서로 다투고 싸우는 상황은 많지 않다. 어디서 누구와 소통하든지 가장 효과적인 방법은 침묵하는 것이며 말하는 것보다 듣는 것이 훨씬 더 효과적이다.

침묵과 경청은 연결되어 있어서 경청할 줄 모르면 사람들과 효과적으로 소통할 수 없다. 많은 사람들이 타인에게 좋은 인상을 주고 싶어 하지만 그러지 못한다. 그 이유는 그들이 침묵할 줄 모르고 주의 깊게 경청하지 않기 때문이다. 그들은 단지 자신이 말하는 것에만 관심 있고 상대가 무엇을 말하고 싶은지에 대해서는 관심이 없다. 이런 식의 의사소통은 서로 다른 언어로 말하는 '쌍방향의 연설'일 뿐 진정한 의사소통이라 할 수 없다.

굿맨 효과 활용 사례

1) 직장 내 회의에서의 침묵

부서별 의견을 제시하는 직장 내 회의에서, 자신의 의견을 말하기 전에 잠시 침묵을 가지는 것은 다른 사람들의 의견을 수용하고 이해하는 데 도움이 된다. 이것은 감정적인 반응을 줄이고, 더욱 논리적인 결정을 내리게 해준다.

2) 피드백 받기

직원이 상사로부터 피드백을 받는 상황에서, 피드백을 듣고 바로 반응하기보다는 잠시 침묵을 가지고 피드백을 고민하는 것은 더욱 생산적인 대응을 가능하게 한다.

3) 갈등 해결

직장에서의 갈등 상황에서, 침묵은 감정의 과열을 막고, 각자의 입장을 냉정하게 이해하고 평가하는 데 도움이 된다. 침묵은 갈등을 해결하는 데 중요한 요소가 될 수 있다.

4) 창의적 아이디어 발굴

창의적 아이디어를 발굴하는 데에도 침묵은 중요한 역할을 한다. 침묵의 시간을 가지면, 각자가 아이디어를 자유롭게 생각하고 공유할 수 있는 기회가 된다.

'굿맨 효과'는 대화의 흐름을 조절하고, 더욱 깊은 이해와 생산적인 대화를 가능하게 하는 중요한 역할을 한다.

굿맨 효과는 직장에서 양날의 검과 같다. 우리는 어떤 정보가 자신의 약점이나 무능을 나타낼 것 같으면 노코멘트하거나 침묵한다. 그러나 어떤 문제에 대해 누군가와 논쟁을 한다면 무조건 자기 의견이 옳다는 입장만 피력하고 상대방의 의견은 들으려고도 하지 않는다. 이렇게 굿맨 효과는 긍정적인 면만 있지 않고 부정적인 면도 함께 존재한다.

정리하면 직장인들은 침묵할 때 침묵할 줄 알아야 하고, 경청할 때 경청할 줄 알아야 하며 필요한 말은 제때에 임팩트 있게 할 줄 알아야 직장에서 다른 사람과 좋은 의사소통을 할 수 있다.

비난보다는 칭찬이
더 효과적이다

—

14. 비누거품 효과

비누거품 효과란 무엇일까?

비누거품 효과란 타인에 대한 지적을 긍정적인 말 앞뒤에 끼워 넣으면 부정적인 효과를 감소시켜 상대가 지적을 흔쾌히 받아들인 다는 것을 의미한다. 지적을 칭찬의 형식에 숨긴 교묘한 방식이지 만 굉장히 큰 효과를 거둘 수 있다.

비누거품 효과는 사람의 내면에 잠재된 칭찬받고 싶은 욕구에서 비롯된다. 칭찬을 받으면 일단 기분이 좋아진다. 이때 간곡하게 상 대방의 부족한 점을 지적하면 오히려 동기부여가 된다. 어떤 상사 는 부하 직원의 실수에 무자비한 말로 되받아친다. 그러면 직원은 오히려 심리적 압박을 받아 문제를 효율적으로 해결하지 못한다.

신이 아닌 이상 사람이 어떻게 실수를 하지 않을 수 있을까? 부하 직원이 일하다가 실수를 하면 상사는 이런 방법을 써서라도 바로 고쳐주어야 한다.

직장에서 비누거품 효과의 적용 사례

비누거품 효과의 예를 든다면 집에서 남성들이 면도를 할 때 가장 먼저 아프지 말라고 거품을 발라놓고 면도를 시작하는 것을 떠올리면 된다. 비누거품을 충분히 발라놓으면 털이 잘려져 나갈 때 아픈 것도 덜하고 날카로운 면도날에 베이는 것도 예방할 수 있다.

이것을 직장에 적용해 본다면 직장에서 동료나 부하 직원에게 꼭 필요한 지적이나 충고를 할 때는 먼저, 충분한 칭찬을 필요로 한다는 것을 의미하기도 한다. 진심 어린 칭찬은 효과적인 소통 수단이 될 수 있다. 특히 직장이라는 환경에서 칭찬과 인정 욕구는 누구나 가지고 있는 정상적인 욕구이기 때문에 큰 효과를 발휘할 수 있다. 직장에서 정기 인사 시즌에 신입 직원이 기존에 근무하던 경력 직원의 후임으로 발령받아 오게 되면 아무것도 모르는 신입 직원도 힘들겠지만, 기존에 근무하고 있던 동료 직원들도 무척이나 어려움이 크다.

우선 본인들의 업무를 처리하고 있는 상태에서 이것저것 알려주어야 함은 물론 신입 직원이 아프거나 개인 사정이 있어 업무를 펑크낼 때마다 대신 업무 처리를 해야 하는 일도 종종 있기 때문이다. 특히 상사 입장에서도 여러 가지로 처리하는 업무의 실수나 작오가 많아 싫은 소리를 하고 싶을 때가 한두 번이 아니다. 그렇지만 최소 3개월 정도는 참고 기다리다 싫은 소리를 한다. 그리고 계속 싫은 소리를 하기보다는 가끔씩 실수 없이 업무를 조금만 잘했을 때도 칭찬해 주는 것이 더욱 효과적이다. 이렇게 신규 직원과 분기 단위로 3개월, 6개월, 그리고 1년 정도 밀당을 계속하다 보면 어느새 신입 직원이 몰라보게 성장하고 달라진 모습을 경험하게 된다. 역시 칭찬은 고래도 춤추게 한다고 했다.

비누거품 효과의 상황별 활용 방법

1) 캔 커피 기술

자신의 실수나 결점을 잘 알고 이를 고치려고 부단히 노력하는 사람에게 지적이나 비난을 하는 것은 상대에게 찬물을 한 바가지 붓는 것과 같다. 굳이 확인 사살을 할 필요는 없다. 오히려 칭찬과 격려가 필요하다. 추운 날 따뜻한 캔 커피 하나를 건넨다면 그 사람은 오히려 더 열심히 자신의 실수나 결점을 고칠 마음의 동기를 얻게 될 것이다.

2) 샌드위치 기술

당사자는 자신의 실수나 결점을 잘 모를 수 있다. 심지어 현재 상황에 만족하고 있다면 스스로 결점을 찾기는 힘들다. 그런데 누군가 비난과 지적을 한다면 심리적 저항은 더 커질 것이다. 하지만 샌드위치처럼 지적사항을 칭찬의 말 사이에 끼워 넣으면 효과는 달라진다. 샌드위치처럼 잘 포장하면 받아들이는 사람도 심리적 거부감을 느끼지 않을 수 있다.

3) 디저트 기술

업무의 전문성도 있고 근면 성실한데 보고서 작성이나 PPT 발표력이 약한 직원이 있다고 하자. 본인도 그 사실을 알고 있지만 굳이 학습을 통해 나아지려고 하지 않는다. 이런 경우는 먼저 장점을 칭찬하고 부족한 부분을 좀 더 보완하면 경력개발에 도움이 될 것 같다고 조언해 본다. 이 부분을 명확하게 지적해 준다면 자신의 부족한 부분을 채워 업그레이드하기 위해 노력할 것이다. 이는 마치 정식 식사 코스를 마치고 빠져서는 안 될 디저트를 주문하는 것과도 같다.

효과적인 칭찬의 원칙

1) 타인이 기대하고 원하는 칭찬을 한다

직장에서는 내 주변에 있는 사람들이 원하고 기대하는 "업무에 유능하다"는 등의 칭찬을 한다.

2) 구체적이고 근거 있는 칭찬을 한다

성의 없이 하는 칭찬은 오히려 역효과를 낸다. 직장 동료가 열심히 노력했던 점을 구체적으로 칭찬하는 것이 좋다.

3) 칭찬하는 말과 표정을 일치시킨다

칭찬은 가슴속에서 우러나는 좋은 마음으로 하는 것이다. 밝은 표정으로 "수고했네, 결과가 좋군"이라고 말하면 칭찬의 신뢰도가 높아진다.

인사이트

사람은 누구나 타인의 인정이나 칭찬받기를 원하며 이런 심리는 지극히 정상적인 욕구이다. 직장에서 질책을 받는다면 누구든지 변명하는 것도 정상적인 방어기제이다. 훌륭한 상사는 부하 직원의 심리적 욕구를 고려할 줄 알아야 한다. 부하 직원에게 부정적 피드백을 주기보다는 창의력을 발휘하고 어려움을 극복하도록 긍정적 피드백을 주어야 한다. 부하 직원의 결점만 찾아내기 좋아하고 거만한 태도를 가진 상사는 부하 직원으로부터 신뢰를 얻기 힘들다. 지혜로운 상사가 되려면 칭찬이 비난보다 더 강한 힘을 지닌다는 사실을 잊지 말아야 한다.

멀티태스킹은
제로태스킹이 될 수 있다

—

15. 멀티태스킹 효과

멀티태스킹이란 무엇일까?

멀티태스킹(Multi-tasking)이란 '다중처리능력'이다. 컴퓨터를 사용할 때, 한 가지 작업에서 다른 작업으로 왔다 갔다 하면서 동시에 여러 일을 할 수 있는 걸 의미한다. 멀티태스킹은 정체성의 문제를 대단히 복잡하게 만들고 있다. MIT대학 심리학과 교수 셰리 터클(Sherry Turkle)은 "윈도에 멀티태스킹 기능이 첨가되면서 다중인격체 형성이 가속화되었다"고도 말했다. 터클은 그것을 긍정적으로 보지만, 우려하는 목소리도 높다.

직장인의 멀티태스킹 적용 사례

요즘 직장인들은 정말 바쁘다. 직장업무와 자기계발, 운동, 퇴근 후 힐링에 SNS 활동까지 잘 해내야만 "슬기로운 직장인"이라는 소리를 듣는다. 이렇게 여러 가지 과업을 한꺼번에 잘해내지 못하면 왠지 남들보다 뒤처지는 것 같다. 한 번에 여러 가지를 수행하면서도 집중력을 유지할 수 있는 멀티태스킹 능력은 반드시 필요한 것일까?

보통 우리는 한 가지 일에만 집중할 때 점차 익숙해지면서 여유가 생기고 동시에 여러 가지 일을 수행할 수 있게 된다. 하지만 우리 몸이 여러 가지 일을 하는 것이 기본값으로 설정되면 뇌의 공회전 비율은 그만큼 높아지고, 효율성도 떨어진다.

나의 경우도 예전에는 직장에서 업무를 처리하면서 동시에 다른 몇 가지 업무를 한꺼번에 처리하는 능력이 있는 동료를 부러워한 적이 많았다. 근무 중에 남자 친구와 메신저를 주고받거나, 주말에 볼 콘서트의 티켓을 예매하거나, 음식점을 예약하거나, 인터넷 뱅킹으로 송금하는 것을 거의 동시에 했다. 그러나 이런 업무 처리 방식은 언젠가는 문제를 초래한다는 사실도 뒤늦게 깨닫게 되었다. 메시지를 엉뚱한 사람에게 잘못 보낸다거나, 잘못된 금액을 송금하거나, 같은 이름의 다른 지역 음식점을 예약하거나 해서 실수를 연발하게 되는 것이다. 그렇지만 끝까지도 멀티태스킹이 안 되는 나 같은 경우는 업무의 우선순위를 정해놓고 한두 가지씩 약간 빠르게 처리하는 편이다.

집중력은 몇 가지 일을 동시에 처리하면 분산될 뿐 높아지지 않는다. 멀티태스킹이 아니라 제로태스킹이 될 수 있다.

직장인의 업무 처리 방식에 관한 여러 설문조사에 의하면, 예상과 달리 업무 처리에 효율적일 것이라 생각했던 멀티태스킹이 오히려 업무 효율과 집중을 떨어뜨리는 것으로 나타났다. 실제로 많은 기업에서 근무할 때 업무용 컴퓨터 또는 스마트폰으로 메신저나 대화를 나누는 것을 금지하고 있다. 아예 스마트폰 자체를 사용하지 못하게 하는 기업도 있다. 원래 하던 일 이상의 창조적 플러스알파를 위해서는 여백이 꼭 필요하다. 그 공간을 통해 발전적인 아이디어를 떠올릴 명상이나 공상, 몰입의 기회를 얻을 수 있게 되는 것이다. 멀티태스킹이 아니라 온전히 깊게 집중하는 딥 워크(Deep work)와 몰입(Immersion)이 필요하다.

멀티태스킹의 부정적 영향

2006년《타임》은 멀티태스킹이 사람의 정신 건강, 일의 능률, 생산성 향상 등에 부정적인 영향을 끼치는 것은 아닌지 의문을 제기했다. 정신과 의사 에드워드 할로웰(Edward Hallowell)은 멀티태스킹으로 인해 뇌가 과부하 상태에 놓여 여러 부정적인 심리현상을 보인다고 지적했다. 그는 일 중독에 빠져 있으면서도 주의력 결핍 증세(ADT: Attention Deficit Trait)를 호소하는 환자들이 최근 10년 새 10배나 증가했다고 밝혔다. 이 증세를 호소하는 환자들은 대체로 초조한 성격 때문에 치밀함이 떨어지고 생산성도 떨어진다. 자신의 일에 적절한 사고를 하기보다는 깊이 생각하지 않고 함부로 말을 하거나 행동하는 경향이 있다. 일을 빨리 마무리해야겠다는 강박관

넘을 갖고 있기 때문이다. 그렇지만 이 증상과 주의력 결핍 장애 (ADD: Attention Deficit Disorder)와 다른 점은 이 같은 증세가 직장에서 일을 한다든지, 가정에서 일을 한다든지 하는 특별한 상황에서만 나타난다는 점이다.

직장생활을 하면서도 무리하게 멀티태스킹을 시도하면 뇌 기능이 평소보다 단순해지고 비효율적이 된다. 생각하는 사람이 아니라 단순한 기계처럼 작동하게 된다. 이렇게 심신의 균형이 깨지게 되면 결국 한 가지 일도 제대로 해낼 수 없게 된다. 한꺼번에 여러 가지 일을 동시에 잘해내는 사람이라고 해서 하루 종일 그 집중력과 생산력을 유지할 수 있는 사람은 없다. 자신의 집중력과 도파민, 뇌의 에너지를 얼마만큼 몰아서 한 번에 쓰느냐, 천천히 고르게 쓰느냐의 차이일 뿐인 것이다. 업무의 성격에 따라서는 창의성이나 효율성보다 묵묵하고 느리지만 실수가 없는 점이 훨씬 중요한 일도 많다.

결론적으로, 멀티태스킹은 직장에서 업무 능력을 가늠하는 중요한 잣대로 평가되어 왔지만 실제로는 여러 가지 일을 동시에 처리하는 것보다 한 번에 한 가지 일을 처리하는 게 훨씬 낫다는 것이다. 즉, 한 번에 하나씩 정확하고 꼼꼼하게 업무 처리를 하는 것은 절대로 멀티태스킹 능력이 부족한 것이 아니다.

강력한 경쟁자는 직장에
활력을 불어넣는다

—

16. 메기 효과

메기 효과(Catfish effect)란 무엇일까?

　메기 효과(Catfish effect)란 정체된 생태계에 메기 같은 강력한 포식자 내지 경쟁자가 나타나면 개체들이 생존을 위해 활력을 띠게 되는 현상을 말한다. 메기 효과는 '조직의 경쟁력을 키우기 위해 적절한 위협요인과 자극이 필요하다'는 경영이론이다.

　메기 효과의 유래를 살펴보면, 과거 북유럽 어부들이 차가운 해역에서 서식하는 청어를 멀리 운송시킬 때 신선도가 생명인 청어를 가장 싱싱하게 운송할 수 있는 방법으로 사용한 것이 수조 안에 천적인 메기를 풀어두는 것이었다. 메기로부터 살아남기 위해 열심히 헤엄친 청어는 활동성이 높아져서 싱싱한 상태로 배달될 수 있었던 것이다.

우리나라에서는 1993년 삼성 이건희 회장이 '메기론'을 언급하면서 본격적으로 널리 알려졌다.《매일경제》기사에 따르면, 한 논에 미꾸라지와 메기를 함께 넣어 기르고 다른 논에는 미꾸라지만 넣어서 기른 결과, 메기와 함께 기른 미꾸라지는 근육이 튼튼하고 생동감이 넘친 반면, 미꾸라지만 넣어 기른 논에서는 활력이 없었다고 한다. 1990년대 글로벌화를 외치던 우리나라 경제가 경쟁의 긍정성을 강조하기 시작했고 때맞춰 재벌 총수가 유사한 비유를 사용하면서 '메기 효과'라는 말이 본격적으로 사용되기 시작한 것이다.

직장에서의 다양한 메기 효과 적용 사례

메기 효과는 강한 경쟁자가 있으면 다른 경쟁자들의 잠재력도 올라가는 효과다. 미꾸라지 어항에 천적인 메기를 넣는다. 미꾸라지들은 메기를 피해 빨리 움직인다. 메기 한 마리로 미꾸라지들이 강해지는 현상을 경영이론으로 도입한 것이 '메기 효과(Catfish effect)'이다.

앞서 말했듯 조직이 경쟁력을 키우려면 적절한 위협요인과 자극이 필요하다는 경영이론에 활용되고 있다. 치열한 경쟁 속에서 적절한 긴장과 자극이 생긴다. 메기 효과는 강력한 제도나 경쟁자의 도입으로 조직의 경쟁력이 높아지는 것을 말한다.

메기 효과는 영국의 경제학자이자 역사학자였던 아널드 토인비 박사가 즐겨 사용했다. 좋은 환경보다 가혹한 환경이 문명을 낳고 인류를 발전시키는 원동력이었다는 자신의 역사 이론을 설명하는 데 매우 효과적이었기 때문이다.

2019년 12월 16일 금융위원회는 토스뱅크의 인터넷전문은행 예비 인가를 의결했다. 관련 전문가들은 토스뱅크의 등장이 기존 금융 시장에 '메기 효과'를 일으킬 것으로 전망했다. 새로운 인터넷 은행의 등장은 기존 은행들에 위협이었지만, 카카오뱅크와 케이뱅크가 장악한 인터넷 은행 시장 내에서는 토스뱅크 때문에 활발한 경쟁이 진행되었다.

다른 메기 효과의 사례로는 이케아와 넷플릭스가 있다. 관계자들은 스웨덴 가구 업체 '이케아'의 국내 진출이 한국 시장을 잠식할 것이라고 예상했다. 그러나 시장 잠식은 생각보다 적었다. 국내 가구 업체들이 소비자의 요구에 관심을 보이기 시작했다. 이케아가 국내 시장에 메기 효과를 일으킨 것이다.

넷플릭스의 등장 역시 국내 OTT 사업자들이 공격적으로 투자하게 했다. 현재 국내 미디어 시장은 웨이브, 왓챠플레이 등 많은 선택지가 있다. 특히 넷플릭스의 메기 효과로 시장의 활발한 경쟁이 펼쳐졌다.

"좋은 환경보다는 가혹한 환경이 문명을 낳고 인류를 발전시키는 원동력이다"라고 영국의 역사학자 토인비는 '메기 효과'를 이용하여 자신의 이론을 설파하였고, "조직 내에 적절한 자극제가 있어야 조직 경쟁력을 키울 수 있다"라고 '메기 경영'으로까지 응용하였다. 직장에서도 과열된 경쟁 혹은 강력한 경쟁자는 스트레스를 높이고 업무의 열정을 꺾기도 하지만 적당한 자극은 활력이 되고 잠재적인 성장 가능성을 높일 수 있다.

완결된 업무보다 미결된 업무가
오래 기억된다

17. 자이가르닉 효과

자이가르닉 효과란 무엇일까?

자이가르닉 효과(Zeigarnik effect)는 마치지 못한 일을 마음속에서 쉽게 지우지 못하는 현상이다. 사람들이 특정한 작업을 수행하는 동안 그 작업을 중도에 멈출 경우, 즉 미완성 상태에서는 그에 대해 기억을 잘하지만, 일단 일이 완성된 이후에는 그 일과 관련된 정보들을 망각하는 현상을 말한다. 열중하던 일을 도중에 멈출 경우 정신적 강박이 형성되고 미련이 남아 뇌리에 박히게 되는 심리 현상으로서, 완결된 과제보다 완결되지 않은 과제가 기억에 더 강하게 남는 '미완성 효과'를 의미한다.

사람들은 어떤 과제를 받으면 인지적으로 불평형 상태가 된다.

다시 말해 긴장한다. 그런 긴장은 문제가 해결될 때까지 계속된다. 만약 문제가 해결되지 않으면 그런 긴장은 지속되고, 그 문제와 관련된 기억은 생생하게 남아 있게 되는 것이다.

자이가르닉 효과를 밝혀낸 실험 결과

러시아의 심리학자 자이가르닉 브루마(Zeigarnik Bulma)에 의해 발견된 현상으로, 사람들은 업무를 마치지 못한 상태에서는 업무와 관련하여 원활하게 기억하는 반면 업무를 완성한 상태에서는 그 일과 관련된 것들을 망각하는 현상을 말한다.

자이가르닉은 매주 저녁 한 식당에서 식사를 하였는데, 그곳의 웨이터는 열 명이 넘는 일행의 주문을 종이에 쓰지 않고도 정확하게 기억하였다. 자이가르닉은 계산을 마친 후 웨이터를 다시 불러 그들이 먹은 음식을 기억할 수 있냐고 물었는데, 웨이터는 이미 계산이 끝난 음식들을 더 이상 기억할 필요가 없어서 다 잊어버렸다고 말했다. 자이가르닉은 이 현상이 웨이터에만 국한되어 나타나는지를 알아보고자 일반 학생들을 대상으로 실험을 하였다.

자이가르닉은 학생들을 두 집단으로 나누어 간단한 과제들을 수행하도록 하였다. 자이가르닉은 집단 A에 지속적으로 관여하여 그들의 과제 수행을 방해하여 완성시키지 못하게 한 반면, 집단 B에는 아무런 관여도 하지 않아 과제 수행을 마치도록 하였다. 과제 수행 이후 두 집단의 참가자들의 과제 회상률을 조사하였고, 그 결과 지속적으로 방해를 받아 과제를 마치지 못한 A 집단의 회상률이 약 1.9배 더 높았다.

자이가르닉은 이에 대해 과제 수행을 중단할 경우 계속해서 그 일을 하려는 동기 및 압박이 작용하여 인지적 불평형 상태가 야기된다고 주장하였다. 그에 따르면 불평형 상태에서의 긴장은 과제가 해결될 때까지 계속되며, 문제와 관련된 기억은 생생하게 남는다.

자이가르닉 효과의 적용 사례

자이가르닉 효과는 일상생활과 직장생활 양쪽에서 모두 쉽게 찾아볼 수 있다. 일상생활에서 우리가 어떤 시험(운전면허 취득시험 등)을 보고 시험장을 나왔을 때, 자신 있게 푼 문제들보다 계속 헷갈렸거나 풀지 못한 문제가 기억이 생생해서 더 잘 떠오른 경험이 있을 것이다. 또한 시험이 끝나고 일정한 시간이 지나면 대부분의 사람들은 시험에 나왔던 문제와 공부한 내용을 모두 잊어버리기도 한다.

직장에서 완벽하게 업무를 끝내지 못했을 경우에, 평일 저녁이나 주말에 집에서 휴식을 취하지 못하면서 계속해서 정신적인 스트레스를 받게 되는 경우가 종종 있다. 나도 오랫동안 직장생활을 해오면서 이런 적이 한두 번이 아니었기에 크게 공감이 간다.

자이가르닉 효과는 개인마다 차이가 난다. 자이가르닉 효과가 강한 사람은 일을 완벽하게 처리하려는 욕구뿐만 아니라 성공하고 발전하려는 욕구도 강하다. 그러한 욕구 때문에 발전하기도 하지만, 집에 와서도 완벽하게 끝내지 못한 일 생각 때문에 개인 시간을 갖지 못하는 경우가 많다. 그러다 보면 번아웃 같은 증상에 시달리거나 개인의 휴식, 가족들과도 충분한 시간을 보내지 못할 수 있다. 그래서 일하는 존과 휴식 존을 구분하고, 직장에서 끝내지 못한 일이 있어도 퇴근하고 집에 와서는 의도적으로 다른 생각을 하려는 연습이 필요하다. 우리의 뇌도 집에 와서는 충분한 휴식을 취해야 하기 때문이다.

자신의 한계를
설정하지 말라

—

18. 벼룩 효과

벼룩 효과란 무엇일까?

벼룩은 자기 몸의 100배가 넘는 뒷다리를 이용한 점프력을 자랑한다. 그 길이를 사람에 적용하면 160~180m를 뛴다는 계산이 나온다. 건물 높이로 치면 아파트 약 70층 높이에 해당한다. 정말 대단한 점프력을 갖고 있다.

호기심 많은 생물학자가 이런 벼룩을 가지고 실험을 했다. 뚜껑부터 모두 투명한 1m 높이의 병 속에 벼룩을 넣고 뛰는 모습을 관찰했다. 병 안에 벼룩은 있는 힘을 다해 뛰었다. 점프할 때마다 뚜껑에 머리가 부딪쳤다. 어느 정도 시간이 지나자 생물학자는 뚜껑을 열어주고 자유롭게 뛰도록 했다. 뚜껑을 열자마자 뛰어 나갈 것으로 예상했다. 그러나 벼룩은 도망가지 않았다. 점프 능력이 충분함에도 불구하고 밖으로 나오지 않고 안에서만 뛰었다. 생물학자가 보기에 더 이상 뛸 수 없다고 벼룩은 스스로 한계를 지었다고 생각했다. 이미 벼룩은 병의 높이를 알아 거기에 적응했고 자신의 점프 능력도 거기까지로 설정했기 때문에 더 이상 뛸 수 없다고 선을 그어버렸다.

이처럼 인간도 무의식적으로 목표를 설정하며 자기 스스로 능력의 한계를 정해놓은 상태를 심리학자들은 '벼룩 효과'라고 한다.

직장에서의 벼룩 효과 적용 사례

1989년도 9급 신규 공무원으로 G 교육청에 처음 발령을 받았을 때 같은 관내에 함께 발령장을 받은 일곱 명의 동기가 있었다. 그때 우리들의 직급과 위치는 9급으로 모두 동일했다. 즉 출발점 행동 지점은 모두 같았다. 그런데 한 해 두 해 시간이 지남에 따라 동기들의 직급과 위치는 개인의 역량, 업무 처리 능력에 따라서 조금씩 차이가 벌어지게 되었다. 그러다가 20년이 지나고 30년쯤 되었을 때 동기들의 위치는 많이 달라져 있었다. 벌써 3급 내지 4급 이상 고위직 간부 공무원이 된 동기가 두 명, 5급 공무원인 동기가 두 명, 6급 공무원인 동기가 두 명, 7급에서 그만둔 동기도 한 명 있었다. 확실히 어려운 일을 마다하지 않고 상급기관에서 힘들게 근무한 동기들이 성취도가 높았다. 교육행정공무원은 6급까지는 근무연한만 충족되면 자동승진이 되지만 5급부터가 문제이다. 어려운 역량평가를 통과해야만 승진을 할 수 있는 것이다. 승진시험은 삼진아웃 제도가 있어서 3번 이상 도전해서 실패하면 더 이상 승진의 기회가 사라지게 된다. 나도 사실 5급 시험에 도전하기 전에 뚜렷한 목표설정도 없었고, 스스로의 능력을 믿지 못했고, 도전하면 성공할 수 있을지가 미지수라 고민했다. 그러나 다시 내 능력의 한계를 타파하겠다는 결심을 하고, 3년이라는 시간을 투자해서 공부하고 도전한 결과 5급 시험에 당당히 합격할 수 있었다. 승진을 준비하는 동안 힘겨운 시간을 견디면서 인간적으로도 많이 성장했다.

하버드대 심리학자들의 벼룩 효과 실험

하버드대 심리학자들은 벼룩 실험을 보고 난 후 인간도 어떤 상황에 처했을 때 벼룩 효과가 적용되는지 살펴보기 위해 인간을 대상으로 25년 동안 장기적으로 추적 관찰을 했다. 조사에 응한 학생들의 역량은 비교적 비슷했다. 지적 능력을 비롯하여 학력, 환경 등 여러 가지가 대동소이한 학생들이었고 단지 미래에 대한 장기적인 포부나 원대한 목표가 얼마나 확실한지의 차이만 있었다. 25년 후의 대상자들 상황은 이러했다. 목표가 확실한 원대한 포부를 가지고 있었던 참가자 3%에 달하는 대상자는 거의 대부분이 사회 각계각층에서 성공한 인사로 두각을 나타내고 있었다. 그리고 목표는 뚜렷하나 단기적인 목표를 가졌던 10%의 대상자는 사회적으로 중상류층을 유지했으며, 목표가 모호하고 확실하지 못한 60%의 대상자는 중하위층에 속해 있었다. 나머지 목표가 없었던 27%

는 예상대로 하위층을 면하지 못한 것으로 나타났다. 이는 인간에게도 벼룩 효과가 적용된다는 것을 알게 해준 실험이었다. 한 개인이 뚜렷하고 장기적인 목표를 가지는 것이 개인의 인생에서 성공에 얼마나 큰 영향을 끼치는지 알 수 있게 해주었기 때문이다.

 인사이트

사람은 누구나 자신이 알지 못하는 엄청난 역량이 잠재되어 있다. 대다수의 사람들은 이러한 잠재된 역량을 제대로 사용하지 못하고 있다. 우리가 어떤 일을 진행하다가 어려움을 만나더라도 이 세상에 해결할 수 없는 일은 없다고 믿으며 가다 보면 조금 더디기는 하지만 결국은 해결된다. 이렇게 크고 작은 어려움을 해결하다 보면 힘을 얻게 되어 더 높은 목표를 성취할 수 있다.

미국의 행동심리학자 지그 지글러(Zig Ziglar)는 《시도하지 않으면 아무것도 할 수 없다》에서 "그대는 아직도 주저하고 있는가. 오늘 변하지 않으면 당신은 더 이상 물러설 곳이 없다", "사람들이 성공하지 못하는 이유는 능력이 부족해서가 아니라 자신의 잠재 능력에 한계를 두고 있기 때문이다"라고 언급했다. 자신의 한계를 뛰어넘는 사람만이 도약할 것이고 시대가 원하는 진정한 리더가 될 것이다.

즐거움은 행동을
변화시키는 원천이다

—

19. 펀 효과

펀 효과(Fun effect)란 무엇일까

펀 효과(Fun effect)는 일상생활이나 업무에서 재미 요소를 도입하여 동기부여를 높이고, 효율을 향상시키는 현상을 말한다. 이는 업무를 수행하는 과정 자체를 즐거움으로 변화시켜, 더욱 적극적이고 창의적인 참여를 유도하는 효과가 있다.

마크 트웨인의 소설 《톰 소여의 모험》에 나오는 재미있는 일화에 의하면, 장난꾸러기 소년 톰은 나쁜 행동을 해서 폴리 이모에게 벌을 받는다. 그 벌이란 집 앞 보도를 따라 이어진 판자 울타리를 흰색 페인트로 칠하는 것이었다. 친구들과 장난치고 놀고 싶었던 톰은 그렇게 하지 못하고 지루한 일을 하는 게 몹시도 싫었다. 거기다 친구들이 지나가다 벌을 받고 있는 자신을 보고 놀려댈 것이 뻔한데 그런 놀림을 당하는 것도 싫었다. 톰이 이런 걱정을 하면서 페인트칠을 하고 있는데 친구인 벤 로저스가 맛있는 사과 하나를 손에 들고 걸어오고 있었다. 이것을 본 톰은 벤을 속일 꾀를 생각해 냈다. 톰은 페인트칠하는 일이 매우 재미있는 것처럼 온 정성을 다해 칠했고 이 모습을 본 벤은 그 일이 무척이나 재미있고 즐거운 일이 분명하다고 생각하게 되었다. 벤은 자기도 한번 해보자고 했지만 톰은 단호히 거절했다. 재미있는 일은 양보할 수 없다고 말하면서, 결국 벤은 자신의 사과를 톰에게 건네며 사정사정해서 붓을 넘겨받아 페인트칠을 하기에 이른다. 이렇게 해서 저녁이 되기 전까지 폴리 이모의 울타리는 3번이나 페인트칠이 끝났다. 톰의 친구들이 줄까지 서면서 톰에게 자기가 아끼던 보물까지 바치면서 그 일을 했기 때문이다. 이처럼 어떤 활동을 놀이처럼 보이게 하거나 다른 사람들로 하여금 호기심을 품게 하거나 무언가를 기대하게 할 때 사람들은 그 활동을 하겠다고 기꺼이 달려든다. 그뿐만 아니라 그런 기회를 얻기 위해 돈을 내기까지 한다. 이렇게 장난꾸러기 소년 톰처럼 의도한 소기의 목적을 달성하는 과정에 다른 사람들의 재미나 즐거움을 얻게 하여 좋은 결과를 도출하는 심리효과를 펀(Fun effect) 효과라고 한다.

직장에서의 펀 효과 활용 사례

프로그래밍 회사인 T 회사에서는 매주 금요일에 '펀 프라이데이

(Fun friday)'를 운영하고 있다. 이날에는 직원들이 자신의 업무를 잠시 중단하고 다양한 팀 빌딩 게임이나 워크숍, 토론 등을 진행한다. 이러한 활동을 통해 직원들의 스트레스 해소와 팀워크 강화는 물론, 창의적인 아이디어를 도출하는 데도 큰 도움이 되고 있다. 처음에는 이런 활동들이 업무 시간을 낭비하는 것이 아닌가 걱정되었지만, 실제로는 직원들의 업무 만족도와 생산성을 크게 향상시키는 결과를 가져왔다.

1) 게임화(Gamification)

업무 과정에 게임 요소를 도입하면 업무에 대한 재미와 동기부여를 높일 수 있다.

예를 들어, 작은 목표를 설정하고 달성할 때마다 포인트를 부여하거나, 상호 경쟁을 통해 성취감을 느낄 수 있도록 하는 등의 방법이 있다.

2) 팀 빌딩 활동

팀원들과 함께 재미있는 활동을 하면 팀워크를 강화하는 데 도움이 된다. 이를 위해 팀 빌딩 게임을 진행하거나, 함께 취미 활동을 즐기는 등의 방법을 사용할 수 있다.

3) 창의적인 환경 만들기

직원들이 자신의 아이디어를 자유롭게 표현하고 실현할 수 있는 환경을 만들어 주면 업무에 대한 열정을 높일 수 있다. 이를 위해 아이디어 공유 회의를 열거나, 창의적인 아이디어를 제안한 직원에게 보상을 주는 등의 방법을 사용할 수 있다.

4) 재미있는 업무 도구 활용

업무를 수행하는 도구 자체도 재미를 더할 수 있다. 예를 들어, 업무 관리를 위해 사용하는 소프트웨어에는 랭킹 시스템이나 업적 시스템 등 게임 요소를 도입한 도구를 활용하는 것이 좋다.

5) 피드백과 인정의 문화 조성

직원들의 노력과 성과를 인정하고 피드백하는 문화를 조성하면, 직원들의 동기부여를 높이고 자기개발을 촉진할 수 있다. 이를 위해 직원들의 성과를 공유하고, 그에 대한 보상을 주는 등의 방법을 사용할 수 있다.

이러한 팁들을 활용해 직장생활에서의 펀 효과를 극대화하면, 업무의 효율성과 만족도를 높일 수 있을 것이다.

펀 효과 실험 결과

미국의 한 연구팀은 펀 효과를 실제 업무에 적용한 실험을 진행하였다. 실험 참가자들은 게임 요소가 도입된 업무 환경과 일반 업무 환경, 두 가지 조건에서 동일한 업무를 수행하였는데, 게임 요소가 도입된 환경에서는 업무의 효율성과 만족도가 더 높았다. 이 결과로 펀 효과가 업무 성과를 증진시키는 데 효과적인 것을 입증하였다.

재미있는 펀 효과 광고 사례

펀 효과의 대표적인 광고사례가 폭스바겐의 'Fun effect'이다. 이들은 다양한 캠페인을 진행하면서 소비자에게 즐거운 경험을 주었다. 이 경험은 그들을 긍정적으로 만들었고, 스스로 행동을 변화시켰다. 2009년 폭스바겐은 자동차 회사의 친환경 캠페인을 위해 'Fun effect'를 활용했다. 사람들에게 긍정적 마인드를 심어주고, 스스로 행동을 변화시키게 하기 위해서였다. 먼저 세 가지 실험 영상을 온라인에 올렸다.

'세상에서 가장 깊은 쓰레기통(The World's Deepest Bin)', '피아노 계단(Piano Staircase)', '재활용 분리수거 게임(Bottle Bank Arcade Machine)'이 그것이다.

이 영상들은 각종 바이럴 차트에서 1위를 차지했고, 2010년 칸 광고제 사이버 부문에서 그랑프리를 받았다.

다음에는 아이디어 경진대회로 캠페인을 이어갔다. 아이디어 경진대회는 사람들에게 큰 호응을 얻어냈다. 총 35개국 700여 건의 아이디어가 접수되었고, 사람들은 'Fun effect'에 대해 엄청난 관심을 갖게 되었다. 아이디어 경진대회에서 'Fast lane'이라는 콘셉트로 세 가지의 재미있는 아이디어를 선보였다. 독일 베를린의 지하철역, 대형마트, 엘리베이터에서 같은 콘셉트의 서로 다른 주제로 진행하였다.

첫 번째, 지하철역에서 진행한 캠페인은 '미끄럼틀'이다. 계단 바로 옆에 미끄럼틀을 만들어 빠르고 즐겁게 이동하도록 만들었다. 처음에 머뭇거리던 사람들은 빠르고 스릴 넘치는 미끄럼틀을 이용하며 즐거워하였다.

두 번째, 대형마트의 '쇼핑카트'다. 사람들은 늘 마트에서 쇼핑카트를 끌고 다닌다. 그저 무료하고 따분할 뿐이다. 그런데 쇼핑카트에 스케이트보드를 설치해 좀 더 빠르고 재미있게 장을 볼 수 있도록 했다.

세 번째, '로켓 엘리베이터'이다. 엘리베이터의 속도를 늘리는 대신 로켓이 발사하는 것 같은 경고음과 효과를 준 것이다. 추진음은 속도감을 느끼게 해주었고 사람들은 즐거워했다. 이 세 가지 캠페인의 공통점은 즐거움을 통해 사람들의 행동을 변화시켰다는 것이다.

 인사이트

　　　　직장생활에서 펀 효과를 활용하는 것은 재미 요소를 통해 업무의 부담을 줄이고, 동기부여를 높이는 데 큰 도움이 된다. 따라서 직장의 업무 과정에 재미를 도입하여 직원들의 창의성과 효율성을 높이는 방안을 고려해 볼 필요가 있다. 게임이나 경쟁 등 다양한 방법을 사용하면, 업무를 더욱 즐겁게 만들 수 있기 때문이다. 이는 직장생활을 더욱 풍요롭게 만들고, 조직의 성장을 촉진하는 데 기여할 것이다. 결과적으로, 펀 효과는 '즐거움'이라는 원리를 활용하여 직장에서의 업무를 더욱 의미 있고 즐겁게 만드는 도구이다. 이를 통해 직장생활의 질을 향상시키고, 조직의 전반적인 성과를 높이는 데 기여할 수 있다.

비싼 명품보다 먼저,
명품 인간이 되자

—

20. 뷰 캐넌 증후군

뷰 캐넌 증후군이란 무엇일까?

뷰 캐넌 증후군은 특정 브랜드나 제품에 대한 지나친 열망이나 과도한 소비 경향을 나타내는 심리적 현상을 말한다. 이는 주로 명품 브랜드나 고급 제품, 유명인의 라이프스타일 등에 대한 강한 욕구나 집착에서 나타난다. 이 용어는 '뷰 캐넌(View canon)'이란 단어에서 유래되었는데, 이는 '아름다움의 기준'이라는 뜻이다.

직장에서의 뷰 캐넌 증후군

직장생활을 돌이켜 보니 어떤 직원은 값비싼 명품 옷을 걸치고 명품 가방을 들고 다녀도 무례한 말과 태도로 인해 들고 다니는 명품 가방이 짝퉁처럼 보였다. 반면 어떤 직원은 수수한 옷을 입고 값싼 가방을 들고 다녀도 태도가 품위 있다 보니 명품을 든 것처럼 보였다.

뷰 캐넌 증후군은 직장에서도 여러 가지 방식으로 나타난다. 예를 들어, 특정 직원이 자신의 사회적 지위나 성공을 보여주기 위해 명품 옷이나 액세서리를 착용하거나, 고급 자동차를 구매하는 것을 볼 수 있다. 이러한 행동은 자신에 대한 긍정적인 인식을 높이기 위한 것일 수 있지만, 때로는 자신이나 타인에게 부담을 주거나, 불필요한 경쟁을 유발할 수 있다.

1) 명품 옷과 액세서리

직장인 A는 항상 명품 브랜드의 정장, 시계, 가방 등을 착용한다. 이로 인해 동료들은 A가 성공적이고, 능력이 뛰어나다고 인식하게 된다. 때로는 A가 자신의 성공을 과시하는 것에 대해 부정적으로 생각하는 동료도 있지만, A의 명품에 대한 열망은 그를 더 열심히 일하게 만든다.

2) 고급 차량

직장인 B는 자신의 성공을 보여주기 위해 고급 스포츠카를 구매한다. 이로 인해 동료들은 B가 능력이 뛰어나고, 경제적으로 안정되어 있다고 인식하게 되었다. 하지만, 이런 행동은 B에게 경제적 부담을 주었으며, 때로는 동료들 사이에 부정적인 경쟁을 초래하기도 한다.

3) 사무실 인테리어

직장인 C는 자신의 사무실을 고급 가구와 아트워크로 꾸며놓았다. 이러한 높은 품질의 인테리어 및 장식품은 C의 세련된 취향과 높은 사회적 지위를 보여주었다. 그러나 이는 친구들 사이에 부러움이나 질투를 야기하기도 한다.

이처럼 뷰 캐넌 증후군은 우리의 소비 행동에 큰 영향을 미치며, 때로는 부정적인 결과를 초래하기도 한다. 그러므로 이를 인식하고, 자신의 능력이나 가치를 증명하는 데에 물질적인 것들에 지나치게 의존하지 않는 것이 중요하다.

뷰 캐넌 증후군 실험 결과

여러 연구에서 뷰 캐넌 증후군과 관련된 행동은 자신의 사회적 지위를 높이거나, 타인의 인식을 관리하기 위한 방법으로 사용된다는 것이 증명되었다. 예를 들어, 한 연구에서는 사람들이 자신의 경제적 능력이나 사회적 지위를 보여주기 위해 명품 제품을 구매하는 경향이 있음을 발견하였다.

인사이트

뷰 캐넌 증후군은 개인의 선택과 소비 행동에 큰 영향을 미칠 수 있다. 그러나 이는 때때로 과도한 소비나 부담을 야기할 수 있으므로, 이를 인식하고 적절히 관리하는 것이 중요하다. 또한, 자신의 가치나 성공을 증명하는 데에 명품이나 물질적인 것들이 아니라, 자신의 능력이나 성취, 인간적인 가치를 중심으로 두는 것이 더욱 중요하다. 이를 통해 더욱 건강하고 만족스러운 직장생활을 유지할 수 있을 것이다.

제3장

직장인의
가을

작은 날갯짓이
큰 바람을 일으킨다

21. 나비 효과

나비 효과란 무엇인가?

나비 효과(Butterfly effect)란 나비의 작은 날갯짓처럼 미세한 변화, 작은 차이, 사소한 사건이 추후 예상하지 못한 엄청난 결과나 파장으로 이어질 수 있다는 의미이다. 이러한 나비 효과는 미국의 기상학자 로렌즈(Lorenz, E. N.)가 처음으로 사용한 용어로 초기 조건의 사소한 변화가 결과적으로 전체에 막대한 영향을 미칠 수 있음을 이르는 말이기도 하다.

이러한 나비 효과는 나중에 물리학에서 말하는 **카오스 이론(복잡하고 불규칙적이어서 미래에 대한 실질적인 예측이 불가능한 양상을 다루는 과학 이론)**의 토대가 되었다고 하는데, 출발은 과학용어였지만 오늘날 일상적으로 사용하는 심리용어로 정착되었다.

그럼 이러한 나비 효과는 왜 생기는 걸까? 아마도 이 세상의 모든 현상은 유기적으로 연결되어 있기 때문이라고 생각한다. 오늘 나의 행동이 나비 효과처럼 많은 사람들에게 생각지도 못한 엄청난 영향이나 결과를 초래할지도 모르니 나의 행동 하나하나를 떠올려 보고 그 행동이 어떤 엄청난 결과로 이어질지 꼬리에 꼬리를 무는 멋진 상상을 한번 해보는 것도 흥미로울 것이다.

나비 효과의 적용 사례

나비 효과를 설명하는 사례로 미국의 플로리다에서 있었던 에피소드를 하나 소개하려고 한다. 토리 퀸이라는 여성이 있었다. 동네 햄버거 가게에서 자동차를 타고 햄버거를 주문했는데, 돈을 내고 햄버거를 받아 가려던 그녀는 갑자기 좋은 생각이 떠올랐다. 자기 음식값만 낼 게 아니라 뒷사람 음식값도 함께 지불하기로 한 것이다. 누군가 자신으로 인해 기분 좋은 하루를 시작하도록 깜짝 선물을 해주고 싶었다. 얼굴도 모르는 사람이지만 그를 위해 햄버거값을 대신 내고는 기쁘게 바쁜 일상으로 돌아갔고 그녀는 그 일을 잊어버리고 있었다.

그런데 얼마 후 TV 뉴스에 이름 모를 선행 사실이 알려졌고, 예상치 못한 일은 그 이후에 벌어졌다. 드라이브 스루 계산대 점원이 다음 자동차 손님에게 "앞 손님이 햄버거값을 지불했다"고 하자 깜짝 놀란 그 역시 뒷사람의 음식값을 대신 내겠다고 했다. 전혀 기대하지 않은 선의의 선물을 받고 나자 입가에 웃음이 번지고 감격과 흥분으로 가슴이 벅차오르는 행복감을 경험하면서 그 자신도 같은 선의를 베풀고 싶었던 것이었다. 그날 가게 직원은 이러한 친절 바이러스, 감동 바이러스의 전염성이 얼마나 강력한지 똑똑히 보았다. "내가 받았으니 나도 뒷사람 햄버거값을 내겠다"는 선행의 행렬이 멈추지를 않자 점원은 열다섯 번째부터 종이에 숫자를 적기 시작했다. "나도~" "나도~"로 이어진 선행은 몇 시간을 지속되며 무려 100명이 넘게 동참했다고 한다.

그 직원은 이런 경험은 생전 처음이라며 친절과 선행의 릴레이에 한몫을 담당한 것만으로도 큰 축복을 받은 느낌이라고 했다. 이 사실이 지역 TV에 보도되자 가장 놀란 사람은 오히려 토리 퀸이었다. 자신이 가볍게 시작한 행동이 이렇게 큰 파급 효과를 낼 줄은 상상하지도 못했기 때문이었다.

직장에서의 나비 효과의 적용 사례

나비 효과는 직장 내에서도 다양한 형태로 나타날 수 있다. 직장 내 한 사람의 행동이나 결정이 조직 전체에 큰 변화를 가져오는 사례를 살펴보겠다.

1) 긍정적인 의사소통
한 직원이 작은 변화로 시작한 긍정적인 의사소통이 전체 부서의 분위기나 성과에 큰 변화를 가져올 수 있다. 예를 들어, 한 직원이 팀 미팅에서 자신의 아이디어를 자유롭게 공유하게 되면, 다른 사람들도 자신의 의견을 표현하는 데 두려움을 덜게 되고, 이로 인해 팀의 창의성이나 문제 해결 능력이 향상될 수 있다.

2) 피드백 문화

한 직원이 상사나 동료에게 건설적인 피드백을 제시하면, 그 행동이 조직 내에서 피드백 문화의 시작점이 될 수 있다. 이로 인해 업무 효율성이 향상되고, 직원들의 업무 만족도가 높아질 수 있다.

3) 건강한 생활 습관

한 직원이 건강한 생활 습관을 갖는다면, 그것이 직장 내 다른 직원들에게도 영향을 미칠 수 있습니다. 예를 들어, 점심시간에 짧은 산책을 하는 습관을 가진 직원이 있다면, 그 행동이 다른 직원들에게도 전파되어 전체적인 직원들의 건강 상태와 업무 효율성에 긍정적인 영향을 미칠 수 있다.

이렇게 보면, 나비 효과는 우리가 생각하는 것보다 더 큰 힘을 가지고 있다. 그래서 우리는 자신의 행동 하나하나가 어떤 결과를 초래할지 항상 고민하며, 긍정적인 변화를 만들어 내는 데 노력해야 한다.

　　누군가를 기분 좋게 해주기 위해 시작한 작은 친절의 씨앗이 나비 효과가 되어 수많은 사람들이 동참하는 무작위 친절 운동으로 펼쳐진 것처럼, 우리가 할 수 있는 작은 친절, 따뜻한 말 한마디로 누군가를 행복하게 만들 수 있다면 이 세상은 참으로 살맛 나는 세상으로 바뀔 것이다. 나의 작은 행동 하나가 도미노처럼 나비 효과가 되어 세상의 어둠을 밝힐 수도 있을 것이다. 나도 이제부터 나비여행을 떠나보려고 한다.

☞ 나비여행(나를 비우면 여러분이 행복하다)!

분명 좋아하던 일인데
왜 싫어졌을까?

22. 언더마이닝 효과

언더마이닝 효과란 무엇일까?

언더마이닝(Undermining effect) 효과는 외적 보상을 위해 노력하면 내적 동기부여가 약해지는 현상을 뜻한다. 언더마이닝 효과는 공부든 업무든 외적 보상을 의식하며 노력하면 그때부터 다른 목적을 위한 수단이 되기 때문에 내적 동기부여가 약해져서 더는 즐겁지 않은 심리현상이다. 자발적으로 즐거워서 했던 일인데 누군가 그 일에 대한 보상을 주면 즐거워서 했던 일이 보상을 받기 위한 일로 변질될 수 있다는 의미이다. 결국 보상이 줄거나 사라지게 되면 일의 능률이 줄어드는 부정적 경향을 야기하게 된다.

직장에서의 언더마이닝 효과 사례

첫 번째, 고등학교 동창생 S의 사례

고등학교 동창이던 S는 미적 감각이 뛰어나 그림을 잘 그렸고 패션 감각이 남달랐으며 손재주가 좋았다. S는 예상대로 대학교에서 의상학을 전공하고, 졸업하고 나서 유명한 의류업계 패션디자이너로 취직했다. 직장생활을 시작하고 나서 얼마 동안은 일하는 게 재미있고, 일을 하면 봉급도 많이 받아 흐뭇하다고 했다. 하지만 밥 먹듯이 하는 야근과 자신이 디자인한 의류가 시장의 호응을 얻지 못해 재고가 쌓이면서 점점 지쳐가더니 의류업계 업무에 점점 흥미를 잃기 시작했다. 그만두고 새로운 일을 찾고 싶어도 매월 나오는 월급 때문에 그만두지도 못한다고 했다. 나중에 만났을 때 S는 이렇게 말했다. "내가 정말 패션을 좋아했는지도 잘 모르겠어, 내가 직업을 잘못 선택한 걸까?"

두 번째, 민원부서에 근무하는 P의 사례

민원부서에 근무하는 P는 업무에 매우 열정적이고, 그의 아이디어와 노력으로 부서의 업무 성과가 향상되었다. P는 자신의 일을 사랑했고, 그 일을 통해 자신의 아이디어가 실현되는 것에 큰 만족감을 느꼈다. 그런데 조직에서 그의 노력을 인정하고 업무 성과에 따른 금전적 보너스를 지급하기 시작했다. 처음에 P는 이 보너스를 기쁘게 받았다. 하지만 시간이 지나면서 P는 보상을 받기 위해 일하는 것이 주가 되고, 원래 가졌던 열정과 창의성은 점차 사라짐을 느꼈다.

언더마이닝 효과가 발생하면, 원래 활동을 즐기던 내적 동기가 약화되고, 보상을 받기 위한 외적 동기가 강화된다. 이는 결국 활동의 효율성과 만족도를 감소시키는 결과를 초래할 수 있다. 따라서 보상 제도를 설계할 때는 이러한 언더마이닝 효과를 주의 깊게 고려해야 한다.

언더마이닝 효과 에피소드

언더마이닝 효과는 주로 자발적으로 즐거워하며 수행하던 활동에 갑자기 외부적 보상이 개입되는 상황에서 발생한다. 예전에 어디선가 읽었던 에피소드를 소개해 본다.

자기 집 앞에서 시끄럽게 노는 아이들 때문에 작업에 방해를 받던 작가가 있었다. 아이들을 아무리 혼내도 아이들은 계속 시끄럽게 놀았기 때문에 아이들이 조용히 노는 것이 무리임을 깨닫게 된다. 어느 날 작가는 아이들을 모아놓고 돈을 주면서 기왕이면 더 시끄럽게 놀기를 부탁한다. 그리고 다음 날은 좀 더 많은 돈을 주면서 같은 부탁을 했다. 아이들은 노는 것만 해도 좋은데 돈까지 받으니 신이 났을 것이다. 그런데 어느 날 작가는 아이들에게 이제 더 이상 돈은 줄 수 없지만 계속 시끄럽게 놀아달라고 부탁을 한다. 그런데 아이들은 더 이상 돈도 받지 않으면서 시끄럽게 놀아줄 수는 없다며 그곳을 떠나버렸다. 작가는 언더마이닝 효과를 잘 이용하여 자신의 원하는 것을 얻어냈다.

언더마이닝 효과 실험 사례

심리학자 에드워드 데시(Edward Deci)는 재미있는 퍼즐을 잔뜩 모아놓고 퍼즐을 좋아하는 대학생들을 대상으로 3일간 실험을 했다. 우선 대학생들을 두 그룹으로 나누었다. 실험실에는 특이한 퍼즐이 잔뜩 준비되어 있었고 실험은 개별적으로 이루어졌다. A 그룹은 첫째 날과 셋째 날에는 호기심에 따라 퍼즐을 풀며 즐기도록 했지만 둘째 날에는 퍼즐을 하나 풀 때마다 금전적 보상을 주었다. B 그룹은 3일간 하고 싶은 대로 퍼즐을 풀며 즐기게 했다. 그 결과 A 그룹은 셋째 날 퍼즐 풀기에 대한 의욕이 떨어졌다. 외적 보상을 신경 쓰다 보니 즐거웠던 퍼즐 풀기도 금전적 보상을 얻기 위한 수단으로 전락해 버린 것이다.

A 그룹은 퍼즐을 풀 때마다 돈을 받는데 B 그룹은 아무리 퍼즐을 풀어도 돈을 받지 못하니 B 그룹이 불쌍하다고 생각할 수 있지만 사실 돈을 받은 A 그룹이 더 불쌍할지도 모른다. 그들은 퍼즐의 재미를 잃게 될 수도 있기 때문이다.

언더마이닝 효과를 최소화하고 조직의 효율성을 높이는 방법

1) 자율성 강화

직원들이 업무를 어떻게 수행할지를 스스로 결정하게 함으로써, 업무에 대한 내적 동기를 유지할 수 있게 한다.

2) 명확한 가치와 목표설정

조직의 가치와 목표를 명확히 설정하고, 이를 직원들과 공유하는 것이 중요하다. 이렇게 하면 직원들이 업무에 대한 내적 동기를 유지하면서 업무를 수행할 수 있다.

3) 공정한 보상 시스템

보상은 업무 성과에 비례하여 공정하게 지급되어야 한다. 그렇지 않으면, 직원들은 업무에 대한 내적 동기를 잃고, 보너스를 받기 위한 업무 수행으로 방향을 잃을 수 있다.

4) 장기적인 성장과 발전에 초점

단기적인 성과보다는 장기적인 성장과 발전에 초점을 맞추는 것이 중요하다. 이를 위해, 지속적인 교육과 개발 기회를 제공하고, 직원들의 개인적인 성장을 지원하는 문화를 조성해야 한다.

5) 성과 인정과 피드백의 문화

직원들의 노력과 성과를 인정하고, 구체적이고 공정한 피드백을 제공하는 것은 매우 중요하다. 이렇게 하면 직원들은 자신의 업무에 대한 내적 동기를 유지하면서 업무를 수행할 수 있다.

이러한 방법들을 통해, 조직은 직원들의 내적 동기를 유지하고, 언더마이닝 효과를 최소화하는 문화를 만들 수 있다. 이는 결국 조직의 효율성과 만족도를 높이는 데 기여할 것이다.

직장생활을 하다 보면 '내가 진짜 원해서 일을 하는 건지, 어떤 보상 때문에 일을 하는 건지' 모호할 때가 있다. 그럴 때는 보상이 사라진 경우를 상상해 보면 답을 쉽게 얻을 수 있다. 이는 결국, 직장인의 업무 만족도와 효율성을 저하시키는 결과를 초래할 수 있다. 그렇기 때문에 개인적 차원에서는 최소한의 업무만 처리하는 데 그치지 말고 관련 영역의 호기심을 자극한 만한 배경지식까지 충분히 쌓아야 하고, 조직 차원에서는 언더마이닝 효과를 고려하여 직원의 인센티브 제도를 설계하고 관리해야 한다.

창조적 아이디어가 떠오를 때까지
긴장을 풀고 기다린다

—

23. 브루잉 효과

브루잉 효과란 무엇인가?

직관적 사고라고 불리는 '브루잉 효과'는 문제 하나를 해결하기 위해 계속 고민해도 해답을 찾지 못할 때 몇 시간 또는 며칠 동안 문제를 내버려두는 방식을 말한다. 그러면 어떤 우연한 기회에 갑자기 아이디어가 단번에 떠올라 그 문제를 해결할 수 있다는 것이다. 즉, 브루잉 효과는 문제에 대해 깊이 고민한 뒤 일정 시간 동안 그것을 잠시 내버려두었다가 뜻밖의 순간에 해답이 떠오르는 현상을 말한다. 문제의 해결책을 찾지 못하면 마치 막다른 골목에 다다른 것처럼 답답하다. 이런 상황에서 잠시 벗어나 다른 방식으로 생각해 보면 문제를 해결할 단서를 얻을 수 있다.

브루잉 효과의 역사적 적용 사례

고대 그리스에서 왕이 순금으로 왕관을 만들라고 명령했다. 왕은 대장장이가 왕관에 은을 섞지 않았나 의심이 들었다. 하지만 대장장이에게 준 금의 무게와 같았기에 대장장이가 장난을 쳤는지 알 수 없었다. 왕은 이 어려운 문제를 그리스 최고의 수학자인 아르키메데스에게 넘겼다. 아르키메데스는 이 문제를 해결하기 위해 숱한 방법을 시도했지만 실패했다. 하지만 뜻밖의 일이 일어났다.

아르키메데스는 우연히 목욕을 하려 물속에 들어갔는데 수위가 올라가 물이 욕조 밖으로 흐르는 것을 보았다. 이때 자신의 몸도 살짝 떠오르는 게 느껴졌다. 문득 큰 깨달음을 얻은 그는 부력의 원리를 통해 문제를 해결한 것이다.

이렇게 번쩍 생각이 떠오르거나 깨닫는 현상은 아주 우연히 일어난다. 다시 말해 브루잉 효과는 논리적인 세부 과정을 무시하고 중간 단계를 뛰어넘는다. '브루잉 효과'가 일어나는 원리나 이론적 근거는 밝히기 어렵다. 장시간 고도의 긴장감을 유지한다고 해서 창조적인 아이디어가 생성되기는 어렵다. 잠시 내려놓고 긴장을 풀면 몸과 마음의 건강에도 도움이 된다.

직장에서 브루잉 효과의 창의적 활용 사례

1) 프로젝트 기획

새로운 프로젝트에 대한 아이디어를 생각하려고 했지만, 적절한 아이디어가 떠오르지 않을 때, 일단 그 생각을 잠시 미룬 후 다른 일에 집중한다. 그러다가 쉬는 시간에 또는 전혀 관련 없는 다른 일을 하다가 갑자기 훌륭한 아이디어가 떠오를 수 있다.

2) 업무 개선

특정 업무 프로세스가 비효율적이라고 느껴질 때, 그 문제를 해결하기 위한 방안을 고민하다가 진전이 없다면, 일단 그 생각을 멈추고 다른 일에 집중한다. 그러다가 운동을 하거나 취미 생활을 즐기는 도중에 갑자기 문제 해결의 아이디어가 떠오를 수 있다.

3) 갈등 해결

부서 내에서 발생한 갈등을 해결하기 위해 여러 가지 방안을 생각해 봤지만, 적절한 해결책이 떠오르지 않을 때, 잠시 그 문제를 내버려두고 다른 일에 집중한다. 그러다가 갈등과 전혀 관련 없는 다른 상황에서 갑자기 해결책이 떠오를 수 있다.

브루잉 효과는 복잡하거나 어려운 문제를 해결하는 데 큰 도움이 될 수 있다. 문제에 대해 고민한 뒤, 잠시 그것을 잊어버리는 것이 중요하며, 그러면 뜻밖의 순간에 문제 해결의 아이디어가 어느 순간에 갑자기 떠오를 수 있다.

브루잉 효과를 활용하는 방법

1) 문제에 대해 깊이 고민하기

문제에 대해 충분히 고민하고, 가능한 모든 해결책을 탐색해 본다. 이 과정에서 문제를 다양한 방향에서 바라볼 수 있게 된다.

2) 일정 시간 동안 문제를 내버려두기

문제에 대한 고민을 한 뒤, 일정 시간 동안 그것을 잠시 내버려둔다. 이 시간 동안 다른 일을 하거나, 쉬거나, 새로운 환경에 노출되는 등의 방법으로 마음을 비우는 것이 좋다.

3) 문제 해결 아이디어가 떠오를 때까지 기다리기

때로는 예상치 못한 순간에 문제 해결의 아이디어가 떠오를 수 있다. 그럴 때까지 기다린다.

브루잉 효과는 자신의 무의식적인 사고력을 활용해 문제를 해결하는 방법이다. 이런 무의식적 방법인 브루잉 효과를 잘 활용하면, 복잡하거나 어려운 문제를 효과적으로 해결할 수 있다.

인사이트

　직장에서 잘 풀리지 않는 업무나 문제가 있을 때는 비틀즈의 노래 〈Let it be(그냥 내버려 두어라)〉처럼 숙성될 때까지 메모만 해놓고 한쪽에 그냥 제쳐 둔다. 잠시 휴식을 취하고 다른 업무를 처리하다 보면 얼마 지나지 않아서 그토록 해결되지 않고 속을 썩였던 미해결 과제가 신기하게도 한 방에 해결되는 카이로스의 순간을 경험하게 될 것이다. 브루잉 효과는 창의적인 문제 해결책이나 혁신적인 아이디어가 필요할 때, 특히 유용하게 사용될 수 있다.

지나침은
미치지 못함과 같다

—

24. 과적 효과

과적 효과란 무엇일까?

'과적 효과'는 자극이 너무 많거나 강하면 짜증이나 반항심을 유발하는 심리적 현상을 말한다. 이와 관련한 유명한 일화가 있다. 목사의 설교를 듣던 마크 트웨인은 처음에는 설교에 감동해서 헌금 기부를 결심했다.

하지만 10분 후 목사가 아직도 설교를 끝내지 않자 지겨워져서 몇 푼만 기부하기로 마음을 바꾸었다. 그런데 10분이 지났고 목사는 여전히 설교를 하고 있었다. 결국 마크 트웨인은 기부하지 않기로 마음먹었다. 목사가 설교를 끝내고 기부 헌금을 받기 시작했을 때 화가 난 마크 트웨인은 헌금을 내기는커녕 오히려 헌금 바구니에서 몇 달러를 집어 왔다고 한다.

직장에서 과적 효과는 왜 일어날까?

1) 과도한 업무량

업무가 계속 쌓이고 너무 많아지면 초기에는 열심히 일하려는 의욕을 갖게 되지만, 시간이 지남에 따라 피로와 스트레스가 쌓이게 된다. 이로 인해 업무 효율성이 떨어지고, 실수를 저지르는 경우가 늘어나게 된다.

2) 상사의 과도한 관리나 감독

상사가 자신의 업무를 지나치게 감독하거나, 세부적인 것까지 관리하려 한다면, 이것 역시 과적 효과를 유발할 수 있다. 일정 수준의 감독과 관리는 필요하지만, 너무 과하다면 직원들은 부담감을 느끼고, 업무에 대한 동기를 잃을 수 있다.

3) 과도한 피드백

피드백은 업무 개선을 위해 필요하지만, 지나치게 많은 피드백은 오히려 부담감을 유발하고, 직원의 성장을 방해할 수 있다. 과적 효과로 인해 직원은 피드백을 받는 것에 대한 부담감을 느끼게 되고, 이로 인해 성장에 대한 동기를 잃을 수 있다.

4) 과도한 회의

회의는 의사결정을 위해 필요하지만, 지나치게 많은 회의는 오히려 업무를 방해하게 된다. 회의가 너무 자주 일어나면 직원들은 실제 업무에 집중하기 어려워지고, 이로 인해 업무 처리 속도가 느려질 수 있다.

이처럼 과적 효과는 직장인의 업무 성과와 직무 만족도를 하락시키는 원인이 될 수 있다. 따라서 조직에서는 과적 효과를 발생시키는 요소를 파악하고, 적절한 대응 방안을 마련해야 한다. 이를 통해 직원들의 업무 효율성과 만족도를 높일 수 있다.

과적 효과를 피하는 방법

1) 적절한 업무 분배

업무량이 과도하게 많아지는 것을 피하기 위해선 적절한 업무 분배가 중요하다. 업무를 공정하게 나누고, 개인의 능력과 적성에 맞게 업무를 배정하는 것이 중요하며, 이를 통해 과적 피로를 방지하고, 업무 만족도를 높일 수 있다.

2) 피드백의 적절한 관리

피드백은 필요하지만 과도하게 주는 것은 오히려 역효과를 낼 수 있다. 따라서 피드백은 핵심적인 부분에 대해서만 제공하고, 개인의 성장 과정에 과도한 개입을 하지 않는 것이 좋다.

3) 자율성 존중

직원들의 자율성을 존중하는 것도 중요하다. 과도한 감독과 관리는 직원들의 창의성을 훼손하고, 업무에 대한 만족감을 떨어뜨린다. 따라서 직원들이 스스로 업무를 계획하고 수행할 수 있도록 하는 것이 중요하다.

4) 적절한 회의 시간

회의는 결정을 내리거나 정보를 공유하는 데 중요하지만, 너무 자주 또는 오래 진행하는 것은 오히려 업무를 방해한다. 따라서 회의는 필요한 경우에만 진행하고, 시간을 효율적으로 사용하는 것이 중요하다.

5) 휴식 시간 확보

직장에서 지속적으로 고강도로 일하는 것은 과적 효과를 유발한다. 따라서 적절한 휴식 시간을 가지는 것이 중요한데, 짧은 시간이라도 일정 시간 꾸준히 휴식을 취하면 피로를 풀고 다시 업무에 집중할 수 있다.

이렇게 직장에서 과적 효과를 피하는 방법은 다양하지만, 가장 중요한 것은 적절한 균형을 유지하는 것이다. '적당함'이라는 개념을 기억하고, 이를 업무에 적용하면 과적 효과를 피하는 데 도움이 될 것이다.

과적 효과는 "과유불급"이란 고사성어와도 일맥상통한다. 공자의 제자 자공은 어느 날 공자에게 물었다. "자장과 자하 가운데 누가 더 낫습니까?"라는 질문에 공자는 "자장은 지나친 면이 있고, 자하는 미치지 못한 면이 있다"고 답했다. 이처럼 지나친 것은 미치지 못한 것과 같다고 한다. 말이든, 음식이든, 무엇이든 적당함이 가장 좋다는 교훈을 준다. "과유불급"처럼 무엇이든 적당한 수준이 가장 좋다는 것을 알 수 있다. 지나치게 많은 것이 항상 좋은 것은 아니며, 오히려 부작용을 유발할 수 있다. 따라서 적절한 균형이 중요하다는 것을 기억해야 한다.

직장인의
결정 장애

—

25. 당나귀 효과

당나귀 효과란 무엇일까?

당나귀 효과는 프랑스의 스콜라 철학자 J. 뷔리당에 의해 전해지는 유명한 심리효과이다. 프랑스의 작은 시골 마을에 당나귀 한 마리가 살고 있었다. 이 당나귀는 신기하게도 그의 주인처럼 지혜롭고 이성적이었다. 하인은 매일 당나귀에게 여물을 주었다. 그러던 어느 날 하인이 일이 있어 며칠 볼일을 보게 되었는데 하인은 당나귀가 먹을 수 있게 한 무더기씩 같은 양의 여물을 양쪽 옆에 준비해 주었다. 3일째 되던 날, 하인이 돌아왔을 때 뜻밖에도 당나귀는 배가 고파 숨이 간당간당했다고 한다. 뷔리당의 당나귀는 양과 질이 똑같고 양쪽 거리도 같은 건초 사이에서 이러지도 저러지도 못한 채 서 있었다고 한다. 비록 당나귀에게는 선택의 자유가 충분히 있었지만 건초 두 더미의 가치가 서로 같았기 때문에 객관적으로 우열을 가릴 수가 없었던 것이다.

불쌍한 당나귀는 결국 원래 자리에 계속 서 있는 채로 한편으론 양을 고려하고, 한편으론 질을 고려하고 한편으론 신선도를 분석하며 이리저리 머뭇거렸고, 결국 이틀 내내 아무것도 먹지 못한 상태가 되었다. 어떻게 해야 할지 모르는 상태에서 하마터면 자신을 굶겨 죽일뻔했던 것이다. 뷔리당의 당나귀는 앞에 놓인 볏짚 두 더미를 선택하는 것이 아니라 볏짚 한 무더기와 굶어 죽는 것 사이에서 선택하게 되는 것이다. 누군가가 지나치게 이성적이라면 밥을 굶은 당나귀처럼 끝없는 결정 장애에 빠져 위기에서 헤어나올 수 없다는 것을 뜻하고 심리학에서는 이렇게 이해득실을 계속해서 저울질하며 망설이고 결정하지 못하는 현상을 뷔리당의 당나귀 효과라고 부르기 시작했다.

직장에서의 당나귀 효과 사례

직장생활 한 지 20년 정도 지났을 즈음일 것이다. 함께 근무했던 상사 중에 지독하게 소심한 분이 계셨다. 보통 어느 조직이든지 부서 간에 업무 핑퐁, 즉 핑거 포인트가 있게 마련이고, 조직 내부 구성원 간에도 크고 작은 업무로 충돌하다 보면 소소한 갈등도 있게 마련이고, 외부 고객인 민원인에게 제기되는 민원사항도 종종 있는 것이 정상이다.

그런데 이 상사는 업무 담당자가 기획한 사업이 부서장을 거쳐 자신에게 올라오면 믿고 맡겨 결재를 해도 되는 내용의 사업을 매사에 의심이 많기 때문에 업무와 관련 없는 타 부서 직원들, 심지어 타 기관 직원에게 전화까지 해서 물어보았다. 그렇듯 무언가를 결정하는 것에 대해서 심각한 결정 장애가 있었고, 최종 결정권자로서 무언가 책임지는 것에 대해 상당히 부담스러워했다.

심지어 한 가지 업무에 꽂혀서 궁금한 것이 있으면, 늦은 밤에도 아랑곳없이 업무 담당자의 집으로 전화를 해서 물어볼 정도로 상당히 집요한 구석도 있었다. 나도 퇴근 후에 Y 대학원에 학적서류를 발급받으러 갔다가 집에 오는 내내 근무 중에 충분히 협의할 수 있는 내용임에도 불구하고 운전하면서 전화를 3번 이상 받게 되어 짜증이 났던 기억도 있다. 또한 직원 간에 갈등이 있거나 다투게 되면 시원하게 중재나 해결해 주는 것은 고사하고 점점 더 관계만 악화되게 만들었다. 또한 제기되지도 않는 민원사항을 미리 우려하는 불안한 마음에 직원들이 하지 않아도 되는 쓸데없는 업무 처리를 만들어서 시키는 아주 우유부단하고 피곤한 상사를 모셨던 경험이 있다.

인도 고전 속의 당나귀 효과 에피소드

고대 인도에 철학자 한 명이 있었는데 뛰어난 지혜로 많은 여성의 환심을 사게 되었다. 어느 날 아름다운 여성 한 명이 그의 집 문을 두드리며 말했다. "저를 당신의 아내로 받아주세요. 저를 놓치면 저보다 더 당신을 사랑할 수 있는 여자는 찾기 힘드실 겁니다"

그 말을 들은 철학자는 몹시 당황했지만 침착하게 대답했다. "고려해 보겠습니다"라고.

그 후 철학자는 결혼과 비혼의 장단점을 따로따로 나열해 보고 생각한 후 두 가지 선택의 좋은 점과 나쁜 점이 모두 균등하다는 것을 발견하고는 깊은 고민에 빠졌다. 결국 그는 어떠한 선택에 직면해 있을 때 어느 쪽을 정할 수 없을 때는 자신이 경험하지 못한 것을 선택해야 한다는 결론을 내렸다. 결혼하지 않는 자신의 모습은 명확히 알 수 있었으나 결혼 후의 모습은 어떨지 스스로 알 수 없었기에 그는 아름다운 여성의 청혼을 받아들이기로 했다.

철학자는 여성의 집으로 가서 그녀의 아버지에게 물었다. "따님은 어디 있습니까? 저는 따님에게 장가가기로 결정했습니다. 따님에게 전해주십시오" 그러자 그녀의 아버지는 냉담하게 대답했다. "자네는 10년이나 늦게 왔네, 내 딸은 이미 결혼해서 세 아이의 엄마가 되었어" 이 우스운 이야기는 우리를 깊이 생각하게 만든다.

인사이트

자신의 이해득실을 계속해서 저울질하며 망설이다가 결정하지 못한 당나귀는 결국 굶어 죽을 수 있듯이 조직의 운영자 내지 상사라면 조직의 과업 달성을 위해 망설이지 말고 신속한 판단과 명쾌한 결정을 바로 내릴 수 있는 능력이 있어야 한다.

살아남는 자가
강한 자이다

—

26. 독수리 효과

독수리 효과란 무엇일까?

독수리는 조류 가운데 가장 강인한 종에 속한다. 일반적으로 독수리는 한 번에 4~5마리의 새끼를 낳는다. 어미 독수리가 먹이를 물어 올 때마다 새끼 독수리 한 마리에게만 먹이를 줄 수 있다. 어미 독수리가 먹이를 주는 방식은 다른 조류와는 다르다. 평등의 원칙은 없다. 먹이를 먹으려고 무섭게 달려드는 새끼 독수리에게만 먹이를 준다. 그래서 힘없는 독수리는 먹이를 먹지 못해 결국 죽고 만다. 무섭게 먹이를 향해 달려들던 악착같은 새끼 독수리만 살아남는 것이다. 이렇게 이어져 내려온 유전자가 독수리를 강인하게 만들었다. 이런 적자생존의 현상을 '독수리 효과'라고 부른다.

독수리 효과 활용 사례

미국의 유명한 경영학자 피터 드러커가 뽑은 20세기 가장 뛰어난 기업 경영자는 누구일까? 바로, 제너럴 일렉트로닉스 기업의 회장이었던 잭 웰치이다. 잭 웰치는 제너럴 일렉트로닉스 기업을 경영할 때 회사 관리자와 직원을 직급에 따라 차등 대우했고 실적이 좋은 직원에게는 인센티브를 제공하는 반면 실적이 낮은 직원은 도태시켰다. 실적 기준도 지속적으로 높였다. 차등 대우는 점점 더 명확해지고 잔혹해졌다. 팀 구성원을 실적에 따라 상위 20%, 중간 70%, 하위 10%로 나누었다. 그런 다음 상위군에게는 큰 인센티브를 제공하고, 중위군에는 적당한 인센티브를 제공하고, 하위군은 도태시켰다. 나중에 잭 웰치는 '1등 아니면 2등' 전략을 내세웠다. 이 전략은 기준에 도달하지 못한 계열사를 모두 폐업시키거나 매각하는 것을 말한다. 결국 잭 웰치는 막대한 재정을 활용해 제너럴 일렉트로닉스 기업을 시장에서 선도적 위치에 서게 만들었다. 시장 점유율 1위 또는 2위를 유지하겠다는 원칙은 잭 웰치의 가장 강력한 경영 이념이었다.

교육행정직 조직에서도 성과 평가 제도라는 것을 운영한다. 매년 공무원 개인의 업무 실적을 탁월, 보통, 미흡의 3단계로 평가하여 탁월은 30%, 보통은 40%, 미흡은 30% 정도의 비율로 인센티브, 즉 성과상여금을 차등 지급한다. 기업과 차이가 있다면 공무원 조직은 3개 등급의 해당 비율이 거의 비슷하고, 하위 등급을 도태시키지는 않는다는 점이다.

직장에서 독수리 효과의 적용 사례

직장에서 '독수리 효과'는 강인한 경쟁 환경에서 살아남는 가장 강한 직원만이 성공하고, 그 결과로 전체 집단의 강도가 향상된다는 원리를 나타낸다.

1) 프로젝트 경쟁

여러 팀이 같은 목표를 가진 프로젝트를 수행하도록 하는 경우, 각 팀은 최선의 결과를 도출하기 위해 경쟁하게 된다. 이런 경쟁은 팀원들이 더 열심히 일하고, 더 창의적인 해결책을 찾도록 독려한다. 결과적으로, 가장 뛰어난 성과를 내는 팀이 선정되고, 이러한 경쟁은 전체 조직의 생산성과 효율성을 향상시킨다.

2) 인재 선발

직원의 채용 과정에서 많은 수의 지원자 중 가장 뛰어난 인재를 선발하는 것도 '독수리 효과'가 나타나는 사례이다. 이는 회사의 전체 인재의 질을 높이며, 더 훌륭한 성과를 내는 데 기여한다.

3) 보너스 제도

직원들의 성과를 바탕으로 보너스를 분배하는 경우, 이는 직원들 간의 경쟁을 촉진하게 된다. 이런 보너스 제도는 직원들이 더 열심히 일하고, 더 뛰어난 성과를 내기 위해 노력하도록 독려하는 역할을 한다.

직장에서 생존하는 방법

1) 능력 개발

개인의 능력과 전문성을 꾸준히 개발하는 것은 생존하는 데 필수이다. 새로운 기술, 지식, 역량을 배우고, 현재의 역할뿐 아니라 미래의 역할도 준비하는 것이 중요하다.

2) 커뮤니케이션

효과적인 커뮤니케이션 능력은 직장에서 성공하는 데 필수이다. 자신의 의견을 명확하게 표현하고, 다른 사람의 의견을 존중하며, 효과적으로 협업하는 방법을 배우는 것이 중요하다.

3) 주도성

자신의 업무에 대한 책임감과 주도성을 가지는 것은 생존에 큰 도움이 된다. 주도적으로 업무를 수행하고, 문제를 해결하며, 새로운 아이디어나 제안을 내는 것이 필요하다.

4) 팀워크

구성원들과의 협업 능력은 직장에서 생존하고 성공하는 데 매우 중요하다. 서로를 존중하고, 각자의 장점을 인정하며, 팀의 목표를 달성하기 위해 협력하는 것이 중요하다.

독수리 효과는 직장에서도 경쟁에 이기는 자만이 살아남는다는 적자생존의 원리를 보여준다. 그러나 조직에서 경쟁 시스템을 채택하는 가장 궁극적인 목적은 직장을 그만두게 하려는 것이 아니라 실력과 전문성을 갖춘 직장인으로 성장시키려 한다는 사실을 잊지 말아야 한다. 냉혹한 경쟁사회에서 조직도 혁신에 혁신을 거듭하며 경쟁력을 갖추어야 성공할 수 있고 최정상에 오를 수 있는 것이다. 그러나 독수리 효과는 지나치게 강한 경쟁을 유발하고 이는 팀워크 저하, 스트레스 증가, 공정성 감소 등의 부정적인 결과를 초래할 수 있다. 따라서 독수리 효과를 적용하는 데는 신중함이 필요하다.

남이 잘되는 꼴은
절대 못 본다

---

27. 크랩 멘탈리티 효과

크랩 멘탈리티 효과란 무엇인가?

크랩 멘탈리티(Crab mentality) 효과는 게를 잡는 어부들이 뚜껑이 없는 양동이에 게를 산 채로 집어 던져놓는 것에서 유래한 용어이다. 뚜껑이 없어서 살아 있는 게가 쉽게 바구니를 탈출할 수 있을 것 같은데 탈출하려고 기어오르는 게가 있다면 그 게가 벗어나지 못하도록 다른 게가 아래에서 잡아당겨서 탈출이 도저히 불가능하다.

맨 위에 있던 게가 아래로 떨어진다. 다음 게가 기어오르면 아래 있던 게가 다시 끌어당긴다. 이런 광경이 수없이 반복되어 한 마리도 양동이 밖으로 기어 나올 수 없다. 만약 어떤 게가 양동이 밖으로 쉽게 탈출하려고 하면 다른 게들이 이를 보고 집단적인 이기심이 발생해 그 게를 다시 양동이 안으로 끌어들이는 것이다.

이런 게의 행동 습성을 잘 아는 어부들은 안심하고 양동이에 게를 집어 던지는 것이다. 서로 탈출할 수 있도록 도와주면 쉽사리 양동이 밖으로 나와 탈출할 수 있음에도 불구하고 서로 먼저 나가려고 하거나 다른 게가 혼자 탈출하는 것은 눈 뜨고 볼 수 없다고 방해하는 데 혈안이 되어 다 같이 죽음을 맞이하는 수밖에 없는 것이다. 공생하는 것보다는 공멸이 낫다는 심리이다.

직장에서의 크랩 멘탈리티 효과 사례

"사촌이 땅을 사면 배가 아프다"라는 속담처럼 우리는 남이 잘되는 꼴을 보지 못하고 남을 깎아내리는 경향이 있다. 직장에서도 크랩 멘탈리티 효과는 예외 없이 나타난다. 직장 동료들은 많은 시간을 함께 일하며 동고동락 협력하는 대상이기도 하지만 업무 실적이나 업무 성과로 항상 경쟁해야 하는 상대이다.

그렇기 때문에 조직의 한 구성원이 다른 구성원들보다 더 우월하면 서로 시기하고 질투하고 열등감마저 느끼면서 같은 구성원의 성공을 방해하는 행위를 하기도 한다. 직장 동료가 나보다 잘되는 꼴을 볼 수 없는 옹졸한 마음, 내가 할 수 없는 걸 네가 하는 것은 도저히 인정할 수 없다는 치졸한 마음마저 은연중에 갖게 된다.

자신보다 잘난 동료가 있을 때 그 사람을 깎아내리거나 끌어내려 자신과 같은 선상에 놓이길 바라는 비뚤어진 평등 심리의 발현이라고도 할 수 있다. 이성적으로 생각한다면 자신이 그 동료를 모델 삼아 노력해서 그 사람과 동등한 위치로 올라가려는 마음가짐을 가지는 상향평준화의 마음을 갖는 것이 바람직하지만 오히려 반대로 하향평준화의 마음을 갖게 되는 것이다.

나 자신도 그동안의 직장생활을 돌이켜 보면, 다른 게의 시기와 질투를 받아 바닥으로 떨어진 게가 된 적도 있었고 나도 또한 성숙지 못한 언행으로 다른 게를 바닥으로 떨어뜨린 적도 있었다. 직장생활을 하면서 남에게 피해를 받은 적도 있고, 나도 모르게 남에게 피해를 준 적도 있다.

간혹, 직장 내에서 '성공한 직장인 스토리'가 나오면 관계없는 부서 사람들은 아낌없는 축하를 보내는데, 정작 가깝게 지내던 부서 사람들은 비난이나 험담을 하는 경우가 종종 있다. 왜냐하면 그 직장인이 성공한 직장인이 되기 전의 올챙이 시절을 기억하기 때문일 것이다.

만약에 주변에 온통 자신을 끌어내리는 게들만 있다면 어떻게 하는 것이 좋을까? 그렇다면, 꾸준히 준비하고 노력해서 업그레이드된 직장으로 옮겨보는 것도 바람직할 것이다.

재미있는 조선 게 이야기

조선 초의 일이다.
일 없이 노니며 남 참견하는 것을 인생의 낙으로 삼는 이 첨지가
바다 마을을 배회하다 어부 하나를 발견하고 시비라도 틀 참으로 다가갔는데

마침 대나무 망태기가 옆에 보이는 것이 아닌가.
대나무 망태기 안에 게가 가득인데 뚜껑이 없다.

"여보, 이 안에 게가 전부 살아 있는 것이 아닌가?"

"그렇습니다"

"도망이라도 치면 어쩌려고 뚜껑을 덮어놓지 않는단 말인가"

그러자 어부가 말하기를

"당최 조선 게라는 것들은 자기 몸 상하는 것보다 남 잘되는 것이 더
걱정인지라,
한 놈이 망태기 밖으로 나가려고 하면 다른 놈들이 힘을 합쳐 끌어내
립니다.
무슨 뚜껑이 필요하겠습니까"라 하였다.

그러자 이 첨지는

"과연 조선 땅에서는 게나 사람이나 다를 바가 없구나!"

감탄하며 큰 깨달음을 얻었다 한다.

　　힘든 직장생활을 하면서 업무에 쫓기다 보면 짜증 나고 스트레스받는 일이 많아서 바늘 하나 꽂을 마음의 여유조차도 없다. 하지만 가능하면 직장 동료에게 긍정적인 말을 해주고, 어려움에 처한 동료가 있다면 그 어려움을 조금이라도 함께 나누고, 용기를 북돋아 주는 행동을 해야 한다. 오랫동안 고생하다가 성공한 직장 동료가 있다면 아낌없이 박수를 보내는 사람이 되어야 한다. 결국, 다른 사람에게 무엇인가 도움을 주는 사람(Giver)은 나중에 자신이 생각하지 못했던 놀라운 보상을 받을 수도 있다.

단점보다
강점에 집중한다

—

28. 발라흐 효과

발라흐 효과(Wallach effect)란 무엇일까?

발라흐 효과란 1910년 노벨 화학상을 받은 독일의 화학자 오토 발라흐(Otto Wallach)의 이름에서 유래되었다. 자신의 강점을 최대한 활용하고, 단점을 보완하기보다는 강점에 더욱 집중함으로써 최고의 성과를 얻는 전략을 말한다.

발라흐의 부모는 그가 문학가가 되거나 예술가가 되어 성공하기를 원했으나 발라흐는 그쪽과는 거리가 먼 사람이었다. 우연한 기회에 화학을 배우게 된 발라흐는 화학 분야에서 그의 재능을 발견하고 두각을 나타내기 시작하여 22세에 박사학위를 따고, 결국은 노벨 화학상까지 받는 쾌거를 이루었다. 발라흐는 문학이나 예술에 재능이 없음을 수용하고, 자신이 잘하는 화학 분야에서 자신의 능력과 자원을 최대한 효과적으로 활용하여 최고의 성과를 얻은 것이다.

직장에서의 발라흐 효과

　M 회사의 N 팀은 프로젝트를 수행할 때마다 팀원들의 강점을 살리는 '발라흐 전략'을 적용한다. 각 팀원이 자신의 전문성을 가장 잘 발휘할 수 있는 업무를 맡고, 그 업무에 집중하는 방식이다. 예를 들어, 기획력이 뛰어난 사람은 프로젝트 기획에, 소통 능력이 뛰어난 사람은 팀의 커뮤니케이션 역할을 맡는다. 처음에는 이 방식이 팀원들 간의 역량 불균형을 초래할까 우려했지만, 실제로는 각자가 자신의 강점을 최대한 활용함으로써 프로젝트의 효율성과 성과를 크게 향상시킨 결과를 가져왔다.

1) 프로젝트팀 구성
　한 IT 기업에서는 프로젝트팀을 구성할 때 각 직원의 강점을 최대한 활용하도록 팀을 구성한다. 예를 들어, 기술적인 역량이 뛰어난 직원은 개발 업무를, 탁월한 커뮤니케이션 능력을 가진 직원은 클라이언트와의 소통 역할을 맡는다. 이렇게 강점을 중심으로 업무를 분배함으로써, 각 직원은 자신의 역량을 최대한 발휘할 수 있고, 이는 전체 프로젝트의 성과를 향상시키는 결과를 가져왔다.

2) 역량 개발 프로그램

어떤 마케팅 회사에서는 직원 각자의 강점을 찾아내고 이를 발전시키는 '강점 기반 역량 개발 프로그램'을 운영하고 있다. 이 프로그램은 각 직원이 자신의 강점을 깊이 파악하고, 이를 바탕으로 업무에 적용하는 방법을 학습하는 것을 목표로 한다. 이 프로그램을 통해 직원들은 자신의 강점을 더욱 활용할 수 있는 방법을 찾아내었고, 이는 업무의 효율성과 만족도를 높이는 데 크게 기여하였다.

3) 멘토링

한 컨설팅 회사에서는 신입 사원 멘토링을 '강점 기반'으로 진행하고 있다. 신입 사원과 그의 멘토가 함께 신입 사원의 강점을 찾아내고, 이를 업무에 어떻게 적용할 수 있을지를 고민하고 실행하는 방식이다. 이를 통해 신입 사원은 자신의 강점을 이해하고 이를 활용하는 방법을 배울 수 있었으며, 이는 그들의 초기 업무 적응과 성과에 크게 기여하였다.

발라흐 효과 실험 결과

미국의 한 연구팀은 발라흐 효과를 검증하기 위한 실험을 진행하였다. 실험 참가자들은 자신의 강점과 약점을 파악한 후, 강점에 집중하거나 약점을 보완하는 두 가지 전략 중 하나를 선택하여 업무를 수행하였다. 결과적으로, 강점에 집중한 그룹이 업무 성과가 더 높았으며, 업무 만족도와 창의성도 더 높은 것으로 나타났다.

다양한 분야에서의 발라흐 효과 활용 사례

1) 스포츠 분야

유명한 축구 선수 호날두는 빠른 스피드와 드리블, 그리고 슈팅 능력이 뛰어났지만, 청소년 시절에는 수비 능력이 부족했다. 하지만 그는 수비 능력을 개선하기 위해 노력하는 대신, 공격에 관련된 능력을 최대한 개선하고, 자신의 강점을 극대화하는 데 집중했다. 이런 선택 덕분에 그는 세계 최고의 공격수 중 한 명으로 인정받게 되었다.

2) 기업 분야

애플은 사용자 경험에 초점을 맞춘 디자인과 혁신적인 기술을 통해 스마트폰 시장을 선도하는 기업으로 자리매김했다. 이런 강점에 집중하고 투자함으로써, 애플은 다른 기업들이 따라오기 힘든 독특하고 고급스러운 브랜드 이미지를 구축할 수 있었다.

이러한 예시들은 발라흐 효과의 핵심 원칙을 잘 보여준다. 즉, 자신의 강점에 집중하고 이를 극대화함으로써, 뛰어난 성과를 달성할 수 있다.

발라흐 효과는 강점에 집중하고 이를 최대한 활용하는 것이 최고의 성과를 이끌어 낼 수 있다는 중요한 깨달음을 제시한다. 발라흐 효과를 직장생활에 적용한다면, 우리는 자신의 강점을 극대화하고, 그를 바탕으로 역량을 발휘하고 성장할 수 있을 것이다.

따라서 우리는 먼저 자신의 강점이 무엇인지를 명확히 인식해야 한다. 이를 위해 자기반성과 피드백, 객관적인 역량 진단 등 다양한 방법을 활용할 수 있다. 강점을 발견하면, 그 강점을 활용할 수 있는 업무 환경을 찾거나 만들어 나가는 것이 중요하다.

또한, 단점에 지나치게 집중하여 스트레스를 받거나 자신감을 잃지 않도록 주의해야 한다. 결론적으로, 발라흐 효과는 우리에게 자신의 강점을 최대한 활용하고, 강점에 집중하는 것이 얼마나 중요한지를 깨닫게 해준다.

부드러운 개입으로
더 좋은 선택을 유도한다

29. 넛지

넛지란 무엇인가?

넛지란 팔꿈치로 슬쩍 찌르거나 가벼운 행동으로 주의를 환기시 킨다는 뜻이다. 넛지가 '사람들의 선택을 유도할 수 있는 자연스러 운 개입'으로 알려지기 시작한 것은 2008년 미국의 행동경제학자 리처드 탈러와 하버드대 로스쿨 교수 캐스 선스타인이 함께 쓴《넛 지》라는 저서 덕분이다. 저서에서는 '넛지'를 **"강압적이지 않은 부 드러운 개입으로 사람들이 더 좋은 선택을 할 수 있도록 유도하는 방법"**이라고 정의했다. 이후 많은 분야에서 넛지 효과를 이용한 행 동개입이 활용되고 있다.

직장에서의 넛지 적용 사례

1) 건강한 직장생활을 위한 넛지

직장에서는 종종 직원들의 건강을 챙기기 위한 다양한 노력이 이루어진다. 그러나 많은 직원들이 바쁜 일상 속에서 건강을 무시하고 생활한다. 이때 넛지를 활용하면 직원들이 건강에 좀 더 신경을 쓰도록 할 수 있다.

예를 들어, 사무실에 눈에 잘 띄는 곳에 과일 바구니를 놓는 것은 직원들에게 간접적으로 건강한 간식을 먹을 것을 권장하는 방법이다. 직원들이 과일 바구니를 보고 무의식적으로 과일을 먹게 되는 것이다. 또는 직장의 휴게실에 운동 기구를 배치하는 것도 좋은 방법이다. 이렇게 하면 직원들이 휴식 시간에 쉽게 운동을 할 수 있게 된다. 이렇게 넛지는 강압적이지 않으면서도 효과적인 방법으로 직원들이 건강한 선택을 할 수 있도록 돕는다. 결국 넛지는 직원들의 건강을 증진시키고, 조직의 생산성을 높이는 데에도 기여하게 되는 것이다.

2) 프로젝트 관리와 넛지

프로젝트를 관리하는 과정에서는 많은 결정과 선택이 요구되는데, 여기서 넛지를 활용하면 더 효과적인 결과를 얻을 수 있다. 프로젝트의 마감일을 관리하는 데에 넛지를 활용해 볼 수 있다. 프로젝트의 마감일이 한 달 후라고 가정해 본다. 이때, 단순히 마감일을 알리는 것이 아니라, 마감일까지 남은 시간을 계속해서 업데이트하고 공유하는 것이다. 이를 통해 팀원들에게 마감일이 얼마나 가까워졌는지를 계속 인식시키고, 이에 따라 우선순위를 재조정하도록 유도할 수 있다. 또는, 프로젝트의 진행 상황을 시각적으로 나타내는 대시보드(프로젝트의 주요 측정치와 비교해 진척 또는 성과를 보여주는 여러 가지 차트와 그래프를 동시에 비교할 수 있게 여러 개의 보드를 펼쳐놓은 것)를 활용하는 것도 좋은데 대시보드에는 프로젝트의 전체적인 진행 상황, 각 팀원의 업무 진행 상황, 중요한 마일스톤(프로젝트 진행 과정 즉, 프로젝트 계약, 착수, 인력투입, 선금 수령, 중간보고, 감리, 종료, 잔금 수령 등에서 반드시 거쳐야 하는 중요한 지점) 등이 포함될 수 있다. 이러한 정보를 한눈에 볼 수 있도록 함으로써, 팀원들이 프로젝트의 상황을 정확하게 파악하고 적절한 결정을 내릴 수 있도록 유도하는 것이다. 이렇게 넛지를 활용하면, 직장인들이 더 효과적으로 업무를 수행하고, 프로젝트를 성공적으로 완료하는 데에 도움을 줄 수 있다.

3) 시간 관리와 넛지

우리는 종종 업무에 치중하다 보면 시간을 잊어버리곤 한다. 이럴 때 넛지를 활용하면, 시간 관리에 큰 도움이 될 수 있다. 예를 들어, 직장인들이 자주 이용하는 컴퓨터 화면의 배경이나 스크린세이버에 '시간을 소중하게 생각하자'는 메시지나 시계를 넣는 것이다. 이렇게 하면, 직장인들은 무의식적으로 시간을 인식하게 되고, 그에 따라 시간을 더 효율적으로 활용하게 된다. 또는, 스케줄 관리 앱이나 툴을 활용하는 것도 좋은 방법이다. 이를 통해 스케줄을 시각적으로 관리하고, 알림 기능을 통해 중요한 스케줄을 잊지 않도록 도와준다.

넛지의 실험 결과

어느 고등학교 영양교사가 교내 식당에서 제공되는 급식 메뉴의 위치를 바꾼 실험을 하였는데 이는 '선택 설계자'의 넛지로 볼 수 있다. 《넛지》에서 사람들이 결정을 내리도록 '정황이나 맥락'을 만드는 사람을 '선택 설계자'라고 한다. 영양교사의 행동은 학생들의 음식선택에 영양을 끼쳤을까? 영양교사는 음식의 종류는 바꾸지 않고 오직 음식의 진열이나 배열만 바꾸기로 한다. 그런데 놀랍게도 음식을 재배열한 것만으로도 시금치나 과일 등 특정 음식 소비량이 25% 증가하거나 감소했다. 실험 결과를 토대로 영양교사는 학생들에게 건강에 좋은 음식을 더 많이 선택할 수 있도록 유도한 것이다.

 인사이트

직장에서 효과적인 커뮤니케이션은 중요한 요소이다. 여기에 넛지를 도입하면, 더욱 생산적이고 효과적인 소통을 이끌어낼 수 있다. 직원회의 시간에 중요한 결정사안에 대해 모두가 의견을 제시하도록 유도하려면 회의 시작 전에 "오늘, 모두가 적어도 한 가지 이상의 의견을 포스트잇에 적어와서 제출하면 좋겠습니다"라는 전체 메신저를 전달하면, 구성원들이 의견 개진에 더욱 적극적으로 참여하게 될 것이다. 이러한 방식은 구성원에게 부담감을 주지 않으면서도, 다양한 의견을 듣는 데 도움이 된다.

잘못된 선택은
빨리 포기한다

—

30. 악어의 법칙

악어의 법칙이란 무엇일까?

　악어의 법칙은 투자심리학 이론 중 하나로 실제 주식투자에서 많이 볼 수 있는 이론이다. 우리가 잘못된 판단을 했을 때, 더 큰 희생을 피하기 위해 즉시 그 상황에서 빠져나와야 한다는 원칙을 의미한다. 이 원칙은 악어에게 다리를 물린다면 한쪽 다리를 희생해야 살아서 도망칠 수 있다는 사실에 기반을 두고 있다. 만약, 우리가 악어에게 벗어나려고 발버둥 치면 칠수록, 악어에게 물리는 신체범위도 점점 확대될 것이다. 그러므로 악어가 다리를 문다면 우리가 할 수 있는 최선의 방법은 다리 하나를 희생하는 것뿐이라는 이론이다.

직장에서 악어의 법칙 실제 사례

직장인들이 재테크를 위해 주식투자를 했다가 손실이 오면 보통 '물렸다'라고 표현한다. 그리고 물린 것을 만회하기 위해 '물타기'를 거듭하다가 최악의 경우에는 주식이 상장폐지를 당해 그동안 모은 돈을 몽땅 날리는 경우도 있다.

직장에서 우리는 상사, 동료, 부하, 선후배 등 많은 사람들과 인간관계를 맺고 살아간다. 그런데 이러한 인간관계 속에서 종종 상대가 악어로 변해 우리의 다리를 무는 경우가 있다. 이럴 때 우리는 그동안 쌓아온 신뢰나 사회적 위치를 고려해 관계 회복을 위해 노력하지만 결국 상대에게 이용만 당하고 더 큰 상처를 입는 경우도 종종 있다.

만약, 상대가 나를 기만하고 이용하고 있다는 것이 확실하다면 빠른 인간관계의 정리만이 해답이 될 수 있다.

직장에서 나타나는 다양한 상황의 악어의 법칙

직장에서 악어의 법칙은 다양한 상황에서 적용될 수 있다. 예를 들어, 프로젝트가 잘못된 방향으로 진행되고 있다는 것을 인지했을 때, 이를 가능한 빨리 수정하거나 변경하는 것이 중요하다. 그렇지 않으면, 문제는 점점 커져 결국 더 큰 손실을 가져올 수 있다.

1) 프로젝트 중단의 결정

한 IT 회사에서는 새로운 애플리케이션 개발 프로젝트를 진행하고 있었다. 하지만 프로젝트 초기부터 여러 기술적인 문제와 예산 초과 등의 이슈가 지속적으로 발생했다. 회사는 이를 계속 수정하려 노력했지만, 문제는 계속되었고, 결국 프로젝트를 중단하는 결정을 내렸다. 이는 악어의 법칙을 따른 사례로, 더 큰 피해를 피하기 위해 잘못된 판단을 인정하고 즉시 행동을 취한 것이다.

2) 투자의 철회

한 투자자는 주식 시장에서 특정 주식에 대한 잘못된 판단으로 인해 큰 손실을 겪었다. 초기에는 주가가 회복될 것이라는 기대로 계속 투자를 유지했지만, 주가는 계속 하락했고, 결국 투자자는 이 주식에 대한 투자를 철회하였다. 이는 악어의 법칙에 따른 행동으로, 더 큰 손실을 피하기 위해 잘못된 판단을 인정하고 즉시 행동을 취한 것이다.

3) 제품 출시의 연기

한 소비재 회사에서는 새로운 제품의 출시를 계획하고 있었다. 하지만 출시 직전 테스트에서 제품의 중대한 결함이 발견되었다. 회사는 출시를 강행하면 브랜드 이미지에 큰 타격을 입을 수 있음을 인지하고 즉시 출시를 연기하였다. 이는 악어의 법칙에 따른 행동으로, 더 큰 피해를 피하기 위해 잘못된 판단을 인정하고 즉시 행동을 취한 것이다.

이러한 사례들은 악어의 법칙이 실제로 어떻게 적용될 수 있는

지를 보여준다. 잘못된 판단을 인정하고 즉시 행동을 취하면, 더
큰 피해를 피하고 신속하게 문제를 해결할 수 있다.

인사이트

악어의 법칙은 한쪽 다리를 포기하고 생존의 기회를 얻는
것처럼 포기는 또 다른 기회임을 알려준다. 우리는 항상 포기할
때의 고통에만 관심을 갖는다.

직장생활에서 잘못된 판단을 했을 때, 이를 가능한 한 빨리 인
정하고 포기하는 것이 중요하다. 이를 통해, 더 큰 희생을 피하
고, 더 나은 결과를 얻을 수 있다.

잘못된 선택은 미련 없이 깔끔하게 포기해야 한다.

인생은 B(Birth, 탄생)와 D(Death, 죽음) 사이의 C(Choice, 선택)이다.
우리는 태어나서 죽을 때까지 계속해서 선택해야 한다.

잘못된 선택은 빨리 포기할 권리가 있고 그 선택에 따라 운명을
바꿀 수 있다.

제4장

직장인의 겨울

한 손에 줄을 잡고
다음 줄이 올 때까지 기다린다

—

31. 타잔의 법칙

타잔의 법칙이란 무엇일까?

타잔의 법칙이란 '한 손에 줄을 잡고 다음 줄이 올 때까지 기다리라'는 의미로 해석된다. 타잔이 정글에서 줄을 타듯이 다음 줄을 잡기 전에 지금 있는 줄을 놓으면 바닥으로 떨어져서 다시 줄을 잡기 어렵게 된다는 뜻이다.

옮겨갈 때에는 다음 줄을 왜 잡아야 하는지 이유가 있어야 한다. 또한 지금 잡고 있는 줄이 착지를 해야 하는 순간일 수도 있다. 부업으로 2배 이상을 벌더라도 퇴사보다는 일정한 수입을 유지하는 것이 바람직하다는 조언이다.

많은 사람들은 '경력개발'이라고 하면 전직이나 이직을 생각한다.

물론 전직이나 이직은 경력개발에 중요하고, 커다란 전환점이 되기도 한다. 하지만 이것은 매우 큰 위험 요소를 가지고 있다. 지금 하고 있는 일을 다른 회사에서 하기 위해 옮기는 것은 더욱 그렇다.

직장에서의 타잔의 법칙 사례

경영학을 전공한 K는 모 대기업에 수석 입사한 인재였다. 약간 다혈질이지만 매사에 적극적이며 창의적이던 K는 유머가 넘치고 원만한 인간관계로 주변 사람들에게 인기가 높았다. 반면 그의 부서장 김 부장은 성실을 최고 덕목으로 치며, 부하 직원들의 일거수일투족을 감시하는 것을 사명으로 아는 사람이었다. 김 부장은 K의 출퇴근 시간부터 일 처리 하나하나까지 통제하려고 했다.

결국 6개월 후 이 부장과 크게 다툰 뒤 사직서를 제출한 K는 한달 만에 중견기업에 입사하게 됐다. 하지만 얼마 후 그 회사의 부도설이 시장에 공공연히 나돌고 있었다는 사실을 알게 되었다. 그가 좌절하고 있는 가운데 낭보가 날아왔다. 전 직장 선배들이 김부장의 지방 전출을 알리며 재입사를 권유하였고 K는 재입사를 했다. 사람 때문에 생긴 문제가 사람으로 해결된 경우이다. 그러나 지방에서 혁혁한 공을 세운 김 부장은 임원이 되어 본사에 부임했다. 결국 K는 직장생활을 그만두고 현재 창업을 준비 중이다.

타잔의 법칙을 극복하는 방법

1) 안정적 재무계획 수립

자신이 얼마를 벌 수 있고 얼마를 쓰는지 수입과 지출에 관한 보수적인 재무계획을 마련해야 한다. 고정적 수입이 없으면 불안해지기 마련이다. 부동산, 주식, 예금 등 최대한 안정적인 자본을 어느 정도는 보유해야 한다.

2) 철저한 사전 준비

이직, 창업, 사이드잡 등 어떤 것이든 앞으로 갈 자리가 확고한지를 알 수 있도록 기회가 된다면 현재 하는 일도 계속하면서 앞으로 갈 자리에서 해야 할 일을 함께 병행해 보는 기간을 갖는 것도 좋을 것이며, 이때 필요한 자격증이 있다면 사전에 미리 취득해 둔다.

3) 정확한 정보의 수집

앞서 언급한 K도 단순히 다니던 직장이 싫어서 그만두었기 때문에 어떤 곳으로 가야 할지에 대한 방향성도 없었고. 새로 갈 직장에 대한 정확한 정보도 없어서, 그저 매일 출근할 직장이 생겼다는데에 기뻐했다. 만약 그가 '타잔의 법칙'을 생각했다면 시간을 충분히 두고 좀 더 좋은 직장을 알아본 뒤에 이직했을 것이다.

인사이트

　　직장을 옮기거나 그만둘 때 지금 있는 곳에서 이유를 찾아서는 안 된다. 지금이 최악이라고 생각할지 모르지만 다른 곳은 더 최악일 수 있기 때문이다. 옮겨갈 직장에 어떤 장점이 있고, 내가 추구하는 것이 그 직장에 있는지를 따져보고 결정해야 한다. 그리고 그것이 지금 직장에서는 얻을 수 없다는 확신이 든다면 그때 실행해도 늦지 않는디. 티잔처럼 다음 줄을 잡기 전에 지금 손에 쥔 줄을 절대로 놓지 말아야 한다.

직장인 70% 이상이 책상 서랍에 사직서를 넣어두고 다닌다고 한다. 이 중에서 과감한 결정을 내려 직장을 옮긴 이직자 중에 만족하는 사람은 거의 10%에도 미치지 못한다고 한다. 직장을 옮기거나 그만둘 때는 현명한 선택과 판단이 필요하다.

머릿속에 한번 고정된 숫자에서 벗어나기 힘들다

—

32. 앵커링 효과

앵커링 효과(Anchoring effect)란 무엇인가?

앵커(Anchor)는 우리말로 '닻'이다. 배를 항구에 정박할 때 떠내려 가지 않도록 고정하는 닻을 가리키는 말이다. 닻을 물속에 박아놓으면 배는 심한 조류에도 일정 범위 이상을 벗어나지 않는다. 배가 닻(Anchor)을 내리면 닻과 배를 연결한 밧줄의 범위 내에서만 움직일 수 있듯이 처음에 인상적이었던 숫자나 사물이 기준점이 되어 그 후의 판단에 왜곡 혹은 편파적인 영향을 미치는 현상이다. '닻 내림 효과' 또는 '정박 효과'라고도 한다. 우리의 머릿속에 고정된 이미지나 숫자가 각인되면 그것을 벗어나서 자유로운 판단을 내리기 힘들어진다.

앵커링 효과의 다양한 사례

1) 할인판매

대형마트는 품목별로 다양하게 30%, 50% 등의 할인을 해주고 '원 플러스 원' 행사와 덤 증정 같은 이벤트를 계속 진행한다. 기존 가격을 아는 상태에서 할인된 가격으로 물건을 구입하면 구매자는 합리적인 소비를 했다고 생각하기 쉽기 때문에 이와 같은 방법으로 소비를 부추기는 것이다.

앵커링 효과는 우리 주변에서 흔히 찾아볼 수 있는데 할인판매가 바로 그것이다. 1만 원이라는 가격에 X 표시를 해놓고 5천 원이라고 적혀 있으면 굉장히 저렴하게 파는 것처럼 느껴진다.

판매자가 기준점을 1만 원으로 설정해 놓은 것에 불과하지만 소비자는 이 제품이 정말로 1만 원의 가치를 가진 제품인지 합리적으로 따져보지 않고 반값이라는 할인율만 눈에 들어오게 된다.

제품의 판매전략에도 앵커링 효과가 숨어 있다. 마트의 대형가전 매장 코너에 가게 되면 입구의 맨 앞에 아주 크고 비싼 대형 TV가 전시되어 있다. 990만 원이라는 가격표가 붙은 제품을 본 뒤에 290만 원대의 TV를 보면 아주 싸게 느껴진다. 가전매장에 들어서는 순간 우리의 머릿속에 이미 990만 원이라는 가격표가 기준점으로 자리 잡혔기 때문이다.

식당에서도 마찬가지이다. 식당에 가족끼리 외식을 하러 갔다. 모처럼 외식인데 맛있는 것을 먹고 싶을 것이다. 메뉴판을 펼치니 1인분에 10만 원인 메뉴가 보이고 그다음에 5만 원, 3만 원인 메뉴가 보인다. 10만 원에 비하면 5만 원, 3만 원은 아주 저렴하고 합리적인 가격처럼 보인다. 식당 주인은 사실 5만 원과 3만 원짜리 메뉴를 팔고 싶었던 것이다.

2) 비즈니스 협상

비즈니스 파트너와 협상을 할 때도 먼저 가격 제시를 하는 사람에게 유리한 방향으로 조율될 가능성이 높다. 먼저 제시한 협상 가격이 기준이 되기 때문에 일부러 더 높은 가격을 불러서 상대방을 자극하는 방식이다. 상대방은 손해 보지 않는 장사를 하려고 높게 책정된 가격을 깎아서 비즈니스를 진행하게 된다.

앵커링 효과가 가장 효과적으로 쓰이는 경우는 가격 협상을 할 때이다. 딱히 정가가 붙어 있지 않은 물건을 한 상인이 100만 원에 팔고 있다고 한다면 100만 원이 앵커가 된다. 이것이 협상의 기초 가격이 되므로 협상할 때 통설과는 다르게 가격을 먼저 제시하는 것이 훨씬 더 유리할 때도 있다.

예를 들어, 몇 년 전에 미국과 사드 협상을 할 때 트럼프 대통령이 사드 배치 비용으로 1조 2천억 원을 달라고 요구한 사실이 그 한 사례이다. 부동산 매매를 할 때 판매자가 턱없이 높은 가격을 부르기도 하는데 5억짜리 매물이 10억에 나왔을 때 5억에는 팔지 않겠다는 판매자를 끈질기게 설득하여 결국은 10억 원에서 많이 빠지는 7억에 사고도 잘 샀다고 생각하는 구매자가 있다. 결국 협상할 때 기준점을 먼저 제시함으로써 가격 협상을 유리하게 가져가고자 하는 의도가 담겨 있는 것이다.

3) 연봉 협상

직장에서 흔히 볼 수 있는 앵커링 효과 적용 사례로는 연봉 협상을 할 때이다. 직장인이 기존에 다니던 회사에서 경력을 잘 쌓아서 좀 더 업그레이드된 새로운 회사로 이직하려고 할 때 가장 먼저 때 연봉을 협상하게 된다. 이때 앵커링 효과를 이용하여 좀 더 유리한 방향으로 연봉 협상을 진행시킬 수 있다.

처음에는 가능한 한 높은 연봉 금액을 제시해야 한다. 이렇게 처음에 요구하는 금액이 앵커링 역할을 하기 때문이다. 더 많이 요구하는 사람이 더 많이 얻는 법이다. 물론 당사자의 능력 대비 전혀 무리한 금액이 아니라는 전제하에서 가능하다.

인사이트

앵커링 효과는 대상에 대한 정확한 정보가 없다면 더욱 위력을 발휘한다. 이미 가치나 가격에 대한 정보를 알고 있다면 기준점에 덜 휘둘린다는 뜻이다. 따라서 비합리적인 기준점을 깨트리기 위해서는 그 분야에 대한 객관적인 정보를 최대한 많이 수집해야 한다. 또한 이 숫자가 혹시 기준점 역할을 하고 있는지 스스로에게 물어보아야 한다. 그리고 이 기준점이 합리적인지 꼼꼼히 따져보아야 한다. 이러한 판단 결과 가치에 비해 가격이 비싸다고 생각되면 과감히 포기하거나 본인이 또 다른 기준점을 제시하는 것이 필요하다.

쉬지 않고 일하면
에너지가 모두 소진되어 버린다

—

33. 번아웃 증후군

번아웃 증후군이란 무엇일까?

번아웃 증후군(Burnout syndrome)이란 의욕적으로 일에 몰두하던 사람이 극도의 신체적, 정신적 피로감을 호소하며 무기력해지는 현상이다. 번아웃 증후군은 지속적인 스트레스로 인해 신체와 정신적으로 소진되는 상태를 말하며, 이는 특히 일과 관련된 스트레스가 높은 직장인들에게 자주 발생한다. 특히, 의욕이나 포부 수준이 지나치게 높고 전력을 다하는 성격의 직장인에게 주로 나타난다. 뉴욕의 정신 분석가 허버트 프로이덴버거(Herbert Freudenberger)가 〈상담가들의 소진〉이라는 논문에서 약물 중독자들을 상담하는 전문가들의 무기력함을 설명하기 위해 '소진'이라는 용어를 사용한 것에서 유래했다. 번아웃 증후군은 다 불타서 없어진다(Burnout) 고 해서 소진 증후군, 탈진 증후군이라고도 한다.

직장인의 번아웃 증후군 사례

30대 후반의 여성 직장인 W는 Y 교육청 경영지원팀에 속해 일하고 있다. W는 늘 업무에 집중하고, 조직에서 기대하는 결과치 이상을 내기 위해 열심히 노력하는 직원이었다. 그러나 근무하는 기간이 늘어날수록 점차 업무량이 늘어나고, 조직 내의 인간관계로 스트레스가 쌓이면서 W는 점점 피로감이 느껴졌다. 그런데도 W는 계속해서 업무에 몰두하려고 안간힘을 썼고 매일 같이 야근도 불사했다. 이로 인해 W는 점차 신체적으로 무기력해지고, 일에 대한 열정을 잃어갔다.

언제부터인지 모르겠지만 W는 그저 하루하루를 겨우 버티는 것이 전부였고, 이전의 밝았던 성격은 어디론가 사라져 버렸다. 또한, W는 자신이 수행하는 업무에 대해 불만족을 느끼기 시작했고, 이로 인해 업무 성과도 계속 저하되는 느낌이 들었다. 이러한 상황에서 W는 자신이 번아웃 상태에 빠진 것을 깨달았고, 일정 기간 직장을 쉬어보기로 마음먹었다.

번아웃 증후군의 증상

직장인들에게 나타나는 번아웃 증상은 다양하며, 개인마다 다르게 나타날 수 있다.

주요 증상들은 다음과 같다.

1) 무기력

업무에 대한 관심이나 열정을 잃는 경우. 일에 대한 만족감이 감소하고, 성취감을 느끼지 못할 수도 있다.

2) 피로감

지속적인 피로나 힘듦을 느낄 수 있다. 쉬어도 피로가 회복되지 않는 경우도 이에 해당한다.

3) 수면 문제

잠을 잘 못 이루거나, 자주 깨어나는 등의 수면 문제가 발생할 수 있다.

4) 집중력 저하

일에 집중하는 것이 어려워질 수 있다. 이는 업무 성과에 영향을 줄 수 있다.

5) 감정 상태 변화

기분 저하, 우울감, 불안감 등의 감정 상태 변화가 나타날 수 있다.

6) 체력 저하

갑자기 몸이 아프거나, 자주 감기에 걸리는 등의 체력 저하 증상이 나타날 수 있다.

7) 인간관계 문제

동료나 상사와의 관계가 악화되는 경우. 이는 업무 스트레스로 인한 것일 수도 있다.

이러한 증상들이 나타나면, 번아웃이 진행 중일 수 있음을 인지하고 적절한 조치를 취하는 것이 중요하다.

번아웃 증후군이 발생하는 원인

1) 과도한 업무 부담

업무량이 많거나 업무 강도가 높을 경우, 직장인들은 끊임없이 스트레스를 받게 된다. 이로 인해 체력적, 정신적 소모가 발생하며, 결국 번아웃 증후군을 유발할 수 있다.

2) 업무와 개인 생활의 불균형

업무와 개인 생활 사이의 균형을 잃게 되면, 휴식 없이 업무에만 투자하게 되어 스트레스가 쌓일 수 있다.

3) 업무 만족도 하락

자신의 업무에 대한 만족감이 떨어지게 되면, 업무에 대한 열정이 사라지고, 이로 인해 번아웃이 발생할 수 있다.

4) 직장 내 인간관계 문제

동료나 상사와의 관계가 원활하지 않을 경우, 이 역시 스트레스를 유발하게 되며, 이로 인해 번아웃 증후군을 경험하게 될 수 있다.

5) 불안정한 직장 환경

직장 내에서의 불안정성, 예를 들어 일자리의 불안정성이나 회사의 불확실한 미래 등도 스트레스를 증가시키고, 이는 번아웃을 초래할 수 있다.

번아웃 증후군을 극복하는 방법

1) 업무와 개인 생활 사이의 균형 유지

번아웃을 예방하는 가장 기본적인 방법 중 하나이다. 업무와 개인 생활 사이의 균형을 잃지 않도록 주의하여야 한다.

2) 자신의 한계 인식

자신의 한계를 알고, 그를 초과하지 않도록 하는 것이 중요하다. 자신의 건강을 위해 필요한 경우 "No"라고 말할 수 있는 능력도 중요하다.

3) 스트레스 관리법 익히기

다양한 스트레스 관리 기법을 익혀서 스트레스를 적절하게 해소하는 것이 필요하다. 운동, 명상, 호흡법 등 다양한 방법을 포함할 수 있다.

4) 사회적 지원 체계 구축

가족이나 친구, 동료 등과의 긴밀한 관계를 유지하고, 필요할 때 그들에게 도움을 청해야 한다.

5) 정기적인 건강 검진

정기적인 건강 검진을 통해 신체적, 정신적 건강 상태를 체크하고, 문제가 발생하면 즉시 대처할 수 있도록 한다.

6) 자기 발전에 투자

자신의 역량을 개발하고, 새로운 것을 배움으로써 일에 대한 만족감과 자신감을 높이는 것이 중요하다. 이는 번아웃을 예방하는 데 도움이 될 수 있다.

7) 근무 환경 개선

근무 환경이 스트레스의 원인이라면, 그 문제를 해결하기 위해 노력해야 한다. 이는 사무실의 물리적 환경을 개선하는 것부터, 직장 내 문화나 관계를 개선하는 것까지 다양한 방법을 포함할 수 있다.

번아웃 증후군은 지속적인 스트레스나 과로로 인해 직장인들이 피로감, 흥미 상실, 성과 저하 등을 경험하는 상태를 말한다. 이는 건강 문제뿐 아니라 생산성 저하와 같은 심각한 문제를 초래할 수 있다. 직장인이 번아웃 증후군을 예방하고 관리하는 것은 매우 중요한데 이를 위해선 균형 잡힌 생활 습관을 유지하고, 스트레스를 적절히 관리하는 것이 필요하다. 휴식을 적절히 취하고, 취미나 운동 등을 통해 스트레스를 해소하는 것도 중요하다. 또한, 업무량이 과도하다면 상사나 동료들과 소통하여 업무 분담을 재조정하는 것을 고려해 볼 수 있다. 이는 업무 부담을 줄이고, 일과 삶의 균형을 유지하는 데 도움이 된다. 마지막으로, 자신이 번아웃 증후군의 증상을 경험하고 있다면 전문가의 도움을 청하는 것도 좋은 해결 방안이다. 심리상담이나 멘토링 등을 통해 스트레스를 관리하고, 번아웃을 극복할 수 있기 때문이다.

☞ 휴식은 게으름도, 멈춤도 아니다. 휴식을 모르는 사람은 브레이크가 없는 자동차 같아서 위험하기 짝이 없다(헨리 포드).

최후에 웃는 사람이
진정한 승자다

—

34. 러니언 효과

러니언 법칙이란 무엇일까?

오스트리아 경제학자인 러니언은 달리기에서 빠르다고 항상 이기는 것이 아니고 싸움에서 약한 쪽이 항상 지는 것도 아니며 결국 최후에 웃는 사람이 진정한 승자라고 주장했다. 이런 관점을 '러니언 법칙'이라고 부른다.

'러니언 법칙'에서는 경쟁을 장거리 달리기에 비유한다. 일시적인 '우위'가 최후의 승리를 안겨주는 건 아니고 의외의 상황에서 역전되는 일이 흔하게 일어난다고 지적한다. 마찬가지로 일시적인 '약세'가 영원한 패배를 뜻하지도 않는다. 끝까지 달려가면 최후의 승자가 될 수 있다. 하지만 현실에서는 많은 사람이 한번 성공하면 자만에 빠져 노력을 게을리하고 심지어 안하무인의 태도를 보인다. 이런 사람에게 기다리는 것은 실패밖에 없다. 우위를 선점했다고 득의양양하거나 낙오되었다고 포기해서는 안 된다. 인생은 마라톤이지 100m 달리기가 아니기 때문이다.

직장에서 신입 사원은 누구나 험난한 시기를 거치고 성장하는데 오랜 고통이 따른다. 건강을 송두리째 업무와 바꾸는 중견 사원의 첩첩산중을 넘어 소수의 승진자 리스트에 이름을 올린 순간에도 혹독한 경쟁을 견뎌내야 한다. 이 시기에도 생각하지 못한 일들이 벌어질 수 있기에 나중에 결과가 나올 때까지는 아무도 이 수수께끼의 정답을 알 수 없다.

최후에 웃는 승자가 되는 방법

1) 게임의 법칙을 파악한다

승진이란 문턱에는 분명 엄격한 기준이 존재한다. 이 기준이 바로 게임의 법칙이다. 게임의 법칙을 깨겠다는 희망은 애초에 품지 말자. 이룰 수 없는 현실일 뿐이다. 승진의 조건을 하나하나 파악하고 자기 것으로 만들어야 한다. 그래야 필요한 모든 능력을 향상시킬 수 있다. 이 기준은 학력, 경력, 직무능력, 성과 실적 등 종류가 아주 많을 것이다. 어떤 직무에서는 자격증도 필요하다. 이를 모두 충족시켜야 성공 가능성이 존재한다.

2) 목표에도 시간표가 필요하다

확실한 목표를 설정하고 돌진해야 유리 천장을 격파할 수 있다. 자신의 한계를 설정하지 말고 작은 성취에 도취하지도 말자. 잠깐 쉬면서 자신을 위로하고 싶다면 목표가 아직 저 멀리 있다는 사실을 망각한 것이다. 또 하나 중요한 요소는 시간이다. 시간적 제약이 없다면 목표는 아무 의미도 갖지 못한다. 마라톤을 할 때 일주일의 시간이 걸려 결승점에 도착한다면 준비한 꽃다발이 모두 시들어 버릴 것이다. 목표를 세울 때는 반드시 마감 시한을 명확히 정하고 엄격하게 준수하자.

3) 남보다 앞선 뒤에도 영향력을 확대한다

사소한 이유로 실패를 맛보는 경우가 있다. 이런 일은 우세한 상황에 있는 사람에게서 벌어진다. 남보다 앞서면 등 뒤의 상황은 보기 어렵고 잠시 나태해진 사이에 추월당해도 전혀 반격하지 못한다. 우세한 상황에서는 더욱 승리의 기세를 몰아가야 한다. 더 넓고 깊게 자신의 영향력을 확대하고 자원을 확보하자. 이 결정적인 단계에서 지혜를 발휘하면 당신의 장점은 다각도로 드러날 것이다. 전문 분야에서 가장 리더십을 갖춘 사람이 되든지 부서 관리자 중에서 전문가적 식견이 가장 높은 사람이 되어야 한다. 이처럼 종합적으로 능력을 갖추려면 꽤 오랜 노력이 필요하다.

4) 낙오될 때는 추월할 타이밍을 노린다

경쟁 과정에서 충분히 낙오될 수도 있다. 이때는 무엇보다 부정적인 생각을 버려야 한다. 자포자기의 심정으로 승리의 열매를 경쟁자에게 기꺼이 바치지 말자. 낙오하면 오히려 앞서가는 자의 상황이나 전체 판세를 살펴볼 수 있다는 장점이 있다. 앞서가는 사람이 조금만 나태해지면 타이밍을 잡아 추월의 기회로 활용할 수도 있다.

5) 사람의 마음을 관리해야 한다

승진 가능성이 높은 사람이 쉽게 범하게 되는 실수 중 하나는 부서원들은 안중에도 없고 상사만 신경 쓴다는 점이다. 매우 위험한 자세이다. 관리자의 중요한 능력 중 하나는 사람의 마음을 관리하는 것이다. 사람의 마음을 잃으면 훌륭한 관리자가 될 수 없다. 그래서 주위의 평판은 운영진이 사람을 등용할 때 고려하는 중요한 요소다. 이 중요한 시기에는 누구에게도 미움을 사지 않도록 조심해야 한다.

 인사이트

진정으로 성공한 사람은 어떤 상황에서든지 겸손한 태도를 보인다. 경솔함과 거만함을 경계하고 낮은 자세를 유지한다. 성공을 거둘 때 잘난척하지 않으면 더 큰 성공을 얻게 된다. 마지막에 승패를 좌우하는 것은 재능이나 장점이 아니다. 자신을 정확하게 인식하고 겸손함을 유지하는 '태도'에 달려 있다. 러니언의 말처럼 빨리 달린다고 해서, 힘이 강하다고 해서, 무조건 이기는 것은 아니다. 아직 결승점에 도달하지 않았다면 승패를 확정할 수 없다. 최후에 웃는 사람이 진정한 승자인 것이다.

강한 자는 더 강해지고
약한 자는 더 약해진다

—

35. 마태 효과

마태 효과란 무엇일까?

마태 효과는 가진 사람은 더 풍족하게 되고 가지지 못한 사람은
더 부족하게 된다는 뜻이다.

1968년 미국의 유명한 사회학자인 컬럼비아대학의 로버트 머튼
(Robert K. Merton) 교수가 《마태복음》에 나오는 성경 말씀에 착안해
서 처음 사용하면서 유래되었다.

성경 《마태복음》에는 다음과 같은 이야기가 나온다.

옛날에 어느 주인이 먼 길을 떠나게 되었는데 떠나기 전에 세 명의 하인에게 각각 금 다섯 달란트, 두 달란트, 한 달란트를 나누어 주며 당부했다.

"나가서 장사를 하라. 내가 돌아오거든 그때 다시 나를 찾아오라"

주인이 돌아오자 첫 번째 하인이 말했다.

"주인님, 저는 다섯 달란트로 장사를 해서 또 다섯 달란트를 남겼습니다"

두 번째 하인이 와서 말했다.

"주인님, 저는 두 달란트로 두 달란트를 더 남겼습니다"

이번에는 세 번째 하인이 말했다.

"주인님, 저는 한 달란트를 땅속에 잘 감추어 두었습니다"

그러자 주인은 무능하고 게으른 종이라고 꾸짖으며 세 번째 하인이 가지고 있던 한 달란트를 빼앗아 열 달란트 가진 하인에게 주라고 명령했다.

이 이야기처럼 많이 가진 사람은 더 많이 가지게 되고 적게 가진 사람은 가지고 있는 것도 빼앗기게 된다. 부자는 더욱 부자가 되고 가난한 자는 더욱 가난해지는 사회현상이다.

마태 효과의 다양한 적용 사례

마태 효과는 경제는 물론 사회, 정치, 교육 등 거의 모든 분야에서 나타나고 있다. 고성장 시대가 저물고 경제 위기가 반복되면서 가난한 사람은 생존의 위기에 내몰리지만, 부자는 오히려 재산을 늘릴 기회가 많아진다. 현대 사회가 정보화 사회, 지식 사회로 급격히 변하면서 부자와 빈자는 물려받는 재산뿐 아니라 교육, 지식, 정보력에서도 큰 차이가 나기 때문에 마태 효과는 더욱 공고해지고 있다.

자본주의 사회에서는 부익부 빈익빈(富益富 貧益貧)을 들 수 있다. 돈을 많이 가진 사람은 더 많은 돈을 축적하게 되고, 돈이 없는 사람은 더욱더 가난해지게 된다. 부자는 가진 돈과 시간을 투자하여 돈이 돈을 버는 구조를 만들고 계속 부를 증가시키지만 가난한 사람은 자신의 시간을 노동에 할애하고 적은 돈으로 투자하기도 쉽지 않기 때문에 부를 축적하기 어렵다.

교육 분야에서도 집안 형편이나 신분 차이 등으로 교육을 많이 받은 사람과 적게 받은 사람이 생기게 되고, 교육을 많이 받은 사람은 사회에서 더 많은 기회를 얻게 되고 교육을 받지 못한 사람은 적은 기회마저도 박탈당하게 된다.

예를 들면 기업의 임원직 승진시험에 암묵적으로 이뤄지는 학력 제한이 그렇다. 인서울 대학을 나오지 못하면 승진시험을 볼 수 있는 기회조차 얻기 힘들다.

직장에서 강해지는 자기계발 방법

1) 목표설정

명확한 목표를 설정하고 달성하기 위한 계획을 세우는 것이 필요하다. 일일, 주간, 월간 등 작은 단위로 목표를 세우고 집중하여 달성해 나가야 한다.

2) 시간 관리

시간 관리는 직장인에게 필수적인 스킬이다. 효율적인 일정 관리와 우선순위 설정을 통해 생산성을 높일 수 있기 때문이다.

3) 스킬 계발

직장에서 필요한 스킬은 지속적으로 변화하고 있다. 기술의 발전과 산업의 변화에 맞춰 스킬을 업데이트하는 것이 필수이다. 온라인 플랫폼을 활용하여 새로운 프로그래밍 언어, 디지털 마케팅, 프로젝트 관리 등 다양한 스킬을 학습할 수 있다. 또한, 직무 관련 자격증도 스킬 개발에 도움이 될 수 있다.

4) 커뮤니케이션

직장에서 효과적인 커뮤니케이션은 중요한 역량이다. 강의나 워크숍을 통해 커뮤니케이션 스킬을 개선하고, 리더십 역량까지 향상시킬 수 있다. 또한, 동료들과의 협업을 통해 실전적인 경험을 쌓을 수 있다.

5) 건강 관리

자기계발은 신체적인 건강을 포함해야만 완전한 성장이 가능하다. 규칙적인 운동과 올바른 식단을 유지하는 것은 체력을 유지하고 스트레스를 관리하는 데 도움이 된다. 이를 위해 충분한 휴식과 수면을 취함으로써 몸과 마음을 적절히 회복시키는 것이 중요하다.

6) 독서

자기계발의 핵심은 지식과 스킬의 습득이다. 독서는 지식을 넓히고 아이디어를 얻을 수 있는 좋은 방법으로 관심 분야의 책을 선정해 꾸준한 독서 습관을 형성한다.

7) 네트워킹

네트워킹은 직장인으로서 성공을 위해 필수적인 활동이다. 동료들이나 다양한 각계각층 전문가들과 관계를 형성하고 유지함으로써 정보를 공유하고 새로운 기회를 찾을 수 있다.

마태 효과는 개인심리적 측면에서 성공한 사람들은 성공했기에 자신감이 가득하고 그 자신감 덕분에 더욱 성공한다. 그러나 실패한 사람들은 실패했기 때문에 열등감을 느끼고 그 열등감 때문에 더욱 실패한다는 경향을 보여준다.

사회심리적 측면에서 마태 효과는 사회에서 일정한 성공을 거둔 뒤로는 더 큰 성공을 얻기가 쉬워져서, 강자는 더 강해지고 약자는 더 약해지게 된다고 한다. 그러함에도 불구하고 우리는 마태 효과가 당연하고 절대 바꿀 수 없는 것으로 생각해선 안된다.

맡기면
커진다

—

36. 임파워먼트

임파워먼트란 무엇인가?

임파워먼트(Empowerment)는 일반적으로 리더가 조직 구성원에게 조직을 위한 업무 수행에 필요한 책임과 권한, 그리고 능력이 있다는 확신을 심어주는 과정을 말한다.

조직이 점차 수평화되고 중간관리층이 줄어들면서 임파워먼트의 중요성은 더욱 커지고 있다. 급변하는 환경에서 고객을 직접 응대하는 현장 구성원들의 신속하면서도 능동적인 대응이 강조되면서 이들에 대한 임파워먼트도 계속 강조되고 있다. 임파워먼트의 개념은 크게 관계적 관점과 동기부여적 관점으로 구분된다.

관계적 관점의 임파워먼트는 리더라는 직위로 인해 기본적으로 파생되는 합법적 권력이나 자원에 대한 통제력을 부하에게 배분하는 과정이다. 반면에 동기부여적 관점의 임파워먼트는 심리적 임파워먼트로서, 부하들의 자기효능감을 높여 직무가 완수되도록 하는 과정을 말한다. 단순히 구조적으로 권력을 부하에게 배분하는 것이 아니라 부하가 자기결정권을 느끼고 스스로 직무를 관리할 수 있게 하는 것을 의미한다.

임파워먼트 리더십의 구성요소 및 행동 방식

임파워먼트 리더십은 리더가 구성원들에게 권한을 위임하고 자율성과 책임을 부여하여 내적 동기를 높이는 리더십이다. 임파워먼트 리더십은 구성원들의 능력과 잠재력을 인정하고 충분히 발휘될 수 있도록 권한을 공유하고 스스로 의사결정 기회를 제공하는 행위이다. 이는 구성원들의 영향력, 능력, 의미감, 결정권의 네 가지 요소로 구성된 심리적 임파워먼트를 증진시킨다. 임파워먼트 리더십을 실천하기 위한 리더의 행동양식은 다음과 같다.

▶ 구성원들에게 직무의 중요성을 설명해 주어 더 많은 의사결정 권한을 준다.

▶ 구성원들의 능력에 대해 믿음을 표현하고 성과 달성을 위해 구성원들과 권한을 공유한다.

▶ 구성원들에게 신뢰와 존중을 보여주고 그들의 의견과 제안을 듣고 반영한다.

▶ 구성원들에게 명확한 목표와 기준을 제시하고 피드백과 인정을 제공한다.

▶ 구성원들에게 학습과 성장의 기회를 제공하고 실패를 격려하고 지지한다.

K 교육청의 '자율좌석제' 임파워먼트

2023년 6월 광교에 위치한 경기융합타운으로 청사를 이전한 K 교육청이 전국 교육행정기관 가운데 최초로 스마트워크를 도입했다. 스마트워크란 공무원들이 청사 내 고정 좌석 없이 어디서든 근무할 수 있도록 첨단기술을 활용한 업무 체제를 말한다.

K 교육청은 기존 사무실 근무 모습과 달리 직원들이 언제 어디서나 자유롭게 일하고 만날 수 있도록 업무체계를 바꿨다. **자율 좌석제**도와 5G 모바일 근무 환경, 업무 협업, 화상회의 보고시스템 등이 핵심 포인트이다.

이 가운데 직원들이 꼽는 가장 큰 변화는 자율 좌석제이다. 업무동에는 각 층마다 키오스크가 있어 좌석을 선택해서 업무를 볼 수 있다. 이로 인해 각 부서별 칸막이를 없애고 자유로운 의사소통을 통해 창의적인 교육행정 업무를 운영할 수 있다.

그러나 아직 도입 초기인 만큼 진통도 있다. 처음에는 팀장이 팀원들에 대한 통제권 부족도 호소할 것이고, 팀원들은 팀장의 시야에서 벗어나 느긋하게 근무 시간을 보낼 수도 있겠지만 얼마 지나지 않아 다시 업무를 매개로 뭉치는 심리적인 팀 구성이 될 것이다. 이와 같은 K 교육청의 자율 좌석제도 수직적인 리더의 권한이 수평적으로 위임되는 임파워먼트 적용 사례가 될 것이다.

전부 위임하는 오마카세 임파워먼트

오마카세는 '남에게 모두 맡긴다'는 뜻의 일본어로, 메뉴판이 따로 없이 그날의 음식을 주방장이 알아서 만들어 내놓는 일본식 코스 요리를 가리킨다. 일본의 외식업계에서 손님이 셰프에게 메뉴 선택을 맡기고 셰프가 그때마다 엄선한 식재료로 요리를 만들어 내는 것을 가리키는 말로 사용된다.

본래 일본의 초밥(스시) 매장 등에서 '셰프의 추천 메뉴'라는 뜻으로 사용되기 시작했는데, 현재는 다양한 외식 분야에서 쓰이고 있다. 오마카세를 제공하는 식당에서는 손님이 셰프에게 메뉴 선택을 온전히 맡기면 셰프는 때마다 엄선한 식재료를 사용해 자신의 창의력을 발휘한 음식을 내놓는다.

이러한 오마카세는 브랜드나 간판보다는 요리사의 명성을 신뢰하고 신선한 식재료와 새로운 경험을 찾는 소비자가 증가하면서 인기를 끌고 있다. 정해진 손님을 받아 일정 부분만 제공하는 만큼 속도 및 손님 개개인의 취향을 기억해야 하고 즉석에서 스시를 내어주며 어느 정도 설명을 해주어야 한다. 저렴하다고 해도 1인당 최소 5만 원 이상의 가격과 네타(올라가는 회)나 사리(밥) 등에 의해 평가를 받는 업종이며 그중에서도 스시 쪽에 전문성을 가진 셰프여야 어느 정도 운영하는 데 무리가 없기 때문이다. 이렇게 셰프에게 권한을 전적으로 위임하는 오마카세 메뉴도 임파워먼트 리더십의 좋은 사례라고 할 수 있다.

직장에서 구성원들의 업무 권한이 계속 제한되다 보면, 행동까지 제약되어 업무가 제때에 원활하게 진행되거나, 중요한 업무의 진전이 더디게 진행된다. 이때 임파워먼트를 거치게 되면 구성원들의 능력과 동기를 높여 적극적인 업무 수행도 가능하게 되고, 더불어 개인 수준에서의 임파워먼트를 통해 자기효능감을 높일 수 있고, 높아진 자기효능감은 업무 성과에 영향을 주어 다시 자기효능감을 증진시키는 연속적인 선순환이 일어난다. 조직에서 임파워먼트 리더십은 구성원들에게 자율성을 부여하며 구성원들의 행동에 긍정적인 영향을 미치며 업무의 품질을 향상시킬 수 있다.

자신감과 열등감의
동상이몽

—

37. 더닝 크루거 효과

더닝 크루거 효과란 무엇일까?

더닝 크루거 효과(Dunning‑Kruger effect)는 능력이 부족한 사람은 자신의 능력을 과대평가하고 반대로 능력이 뛰어난 사람은 자신의 능력을 과소평가하는 인지 편향의 일종이다. 인지 편향은 비논리적인 추론으로 잘못된 판단을 내리는 것이며 사람들은 사실을 있는 그대로 받아들이지 않고 자기 방식대로 생각하는 경향이 있다. 이는 사람마다 생각하는 기준이 다르기 때문이다. 능력이 부족한 사람은 자신의 능력을 실제보다 높게 평균 이상으로 평가하여 자신감을 갖는 반면, 능력이 있는 사람은 자신의 능력을 과소평가하여 열등감을 갖는 현상을 가리킨다.

직장인의 더닝 크루거 효과의 적용 사례

자기가 다니는 직장에 만족하는 사람이 과연 얼마나 될까? 오늘도 우리는 퇴사를 꿈꾸며 직장에 출근한다. 똑같은 환경과 스펙을 가졌어도 어떤 사람은 뛰어난 성취를 이루고 어떤 사람은 그저 그런 환경에 머무르게 된다. 그 차이는 무엇일까?

영국의 심리학자 버트런드 러셀은 "이 시대의 아픔 중 하나는 자신감이 있는 사람은 무지한데 상상력과 이해력이 있는 사람은 의심하고 주저한다는 것이다"라고 지적했다. 직장을 예로 들어보면 어설프게 아는 사람이 의사결정권자가 되어 능력은 안 되면서 자신감만 넘쳐 업무를 그르치고, 진짜 능력 있고 똑똑한 사람들은 신중함 때문에 제때 결정을 내리지 못하고 이리저리 끌려다닌다.

능력이 부족한 사람일수록 근거 없는 자신감으로 무모하게 행동하는 경우가 많다. 능력이 부족한 사람은 잘못된 결정을 내려서 잘못된 결과에 이르더라도 자신의 실수를 알아차리지 못할 가능성이 크다. 현실을 객관적으로 파악하지 못하기 때문이다.

"저는 다른 사람보다 뛰어나지 않습니다. 하지만 제가 다른 이보다 나은 점은 최소한 제가 모른다는 사실을 알고 있다는 것입니다"라는 소크라테스의 말처럼 능력이 뛰어난 사람들은 오히려 자신의 실력을 과소평가하기 때문에 돌다리도 두드려 보며 신중하게 행동한다.

더닝 크루거 효과 실험 결과

미국 코넬대 사회심리학과 교수 데이비드 더닝과 대학원생 저스틴 크루거가 학부생 45명을 대상으로 운전, 체스, 유머감각, 문법 지식, 논리적 사고력 등 스무 가지 능력 테스트를 실시한 후 자신의 성적을 예상해 보라고 했다.

실험 결과 상위권 학생은 자신의 예상 성적을 낮게 평가했고, 하위권 학생은 자신의 성적을 높게 평가했다. 즉, 더닝 크루거 효과는 능력이 부족한 사람은 자신의 능력을 과대평가하고 능력이 뛰어난 사람은 자신의 능력을 과소평가한다는 것이다.

더닝 크루거 효과는 '나의 능력이 어느 정도인지 객관적으로 아는 것이 중요하다'는 것을 알려준다. 나의 능력을 제대로 안다면 내 생각대로 할 것인지 아니면 다른 사람들의 조언을 따를 것인지 판단할 수 있다. 소크라테스는 이렇게 말했다. "자신이 모르는 게 많고, 부족한 것이 많다는 걸 알게 될 때, 그리고 그것을 인정할 때가 바로 지혜로워지는 때이다"

직장인이라면 조금 알면서 확실히 안다고 착각하지 말고, 많이 알면서도 자신을 불신하지 않으며 자신의 능력을 객관적으로 평가할 수 있도록 끊임없이 학습하면서 메타인지를 키워나가야 한다.

도움을 주는 사람이
성공한다

—

38. 기브 앤 테이크

기브(Give) 앤 테이크(Take)란 무엇인가?

기브 앤 테이크 효과는 애덤 그랜트의 저서 《기브 앤 테이크》에 나오는 내용이다.

세상 모든 것은 기브 앤 테이크로 돌아간다. 인간관계에서도 물질이든 감정이든 주고받게 되는 것이 기브 앤 테이크다. 주는 사람을 **기버**(Giver), 받는 사람을 **테이커**(Taker), 이 두 가지와 받은 만큼 주는 사람, 즉 매칭을 하는 **매처**(Matcher)가 있다. 대체적으로 우리는 살아가면서 기버(Giver, 주는 사람), 테이커(Taker, 받는 사람), 매처(Matcher, 받은 만큼 주는 사람) 이 세 가지 중 하나의 배역을 맡게 된다.

성공하는 직장인은 네 가지 공통점이 있다고 한다. 첫째, 재능 둘째, 노력 셋째, 운 넷째, 타인과의 상호작용이다. 기본적으로 재능은 타고나야 하는 것은 물론이고, 열심히 노력해야 하고, 기회도 따라주어야 하고, 다른 사람과의 상호작용도 원활해야 하는 것이다. 이 중에서 네 번째 공통점인 타인과의 상호작용에서는 기브 앤 테이크가 존재한다.

기브 앤 테이크 적용 사례

직장생활에서도 다른 사람을 대할 때 기버(주는 사람), 테이커(받는 사람), 매처(주고받는 사람)의 행동 방식이나 성향을 선택하게 된다.

▶ 기버(Giver) : 살신성인, 받는 것보다 더 많이 주는 사람, 아까워하지 않고 대가도 바라지 않는 사람
▶ 테이커(Taker) : 적자생존, 준 것보다 더 많이 받기를 바라는 사람, 세상을 치열한 경쟁의 장으로 보며 성공하려면 남들보다 뛰어나야 한다고 생각하는 사람
▶ 매처(Matcher) : 자업자득, 받은 만큼 되돌려주는 사람, 손해와 이익이 균형을 이루도록 애쓰는 사람

위와 같이 세 부류로 나누지만 직장인이 연봉 협상을 할 때나 월급을 받을 때는 테이커가 될 수 있고 부하 직원에게 조언할 때는 기버가 될 수 있다.

예를 들어 Y라는 직장인이 있다. Y는 어떤 일에 대해서는 기버처

럼 행동하지만, 다른 일에 대해서는 매처나 테이커처럼 대응할 수도 있다. 또 Y가 회사에서는 동료들에게 매처 입장으로 일을 하지만 개인적 친분이 있는 J에게는 기버의 입장을 취할 수도 있다고 본다.

이렇게 우리는 때와 장소 사람에 따라 기버나 매처 때로는 테이커의 태도를 보일 수 있다. 직장에서 성공하려면 현명한 기버가 되어야 한다. 현명한 기버는 이기적인 이타주의자이다. 사람들은 자신의 이익과 타인의 이익을 동시에 챙길 수 없다고 생각하지만 사실은 이 두 가지를 모두 다 가질 수 있다.

빌 게이츠는 "인간에게는 이기심과 이타심 두 가지 강한 본성이 있으며 이 두 가지 동력이 뒤섞인 사람이 가장 큰 성공을 거둔다"고 말했다. 남에게 무조건 퍼주기만 하는 사람은 금세 에너지를 잃고 지치게 되어 실패한 기버가 된다. 그러나 성공한 기버인 이기적 이타주의자는 타인과 더불어 자신의 이익도 챙길 줄 안다. 그러면서 성공한 기버는 자신의 선한 영향력을 연료로 삼아 세상에 더 많이 공헌하게 되고 자신 또한 행복하게 된다. 현명한 기버가 되기 위해서는 다른 사람에게 도움을 주기도 하고, 구하기도 하며, 다른 사람들을 좀 더 너그럽고 관대하게 대해야 한다.

부정적인 생각을
긍정적으로 바꾸는 방법

39. 리프레이밍

리프레이밍(Reframing)이란 무엇일까?

리프레이밍(Reframing)이란 프레임(Frame)이 '사물이나 현상을 바라보는 사고방식의 틀'을 뜻한다면 리프레이밍(Reframing)은 사고방식의 틀을 새롭게 한다는 것을 의미한다. 즉 틀을 바꾸어 문제를 다른 관점에서 바라보면서 새로운 의미를 부여하는 방식을 말한다. 심리학에서는 '물구나무서기 방법'이라고도 불리며 리프레이밍(Reframing)은 원래 가족치료에서 비롯되었다. 별 볼 일 없는 그림이지만 액자의 테두리를 바꾸는 것만으로 작품의 가치가 다르게 보이는 것처럼 지금까지의 낡은 테두리를 버리면 전혀 다른 세상이 열린다. '틀 바꾸기'는 우리가 직장생활에서 부딪치는 문제와 상황을 좀 더 쉽게 대처할 수 있도록 도와준다.

직장에서의 리프레이밍 효과 사례

1) 고객의 불만 상황

고객 서비스 직무에서 고객의 불만을 받았을 때, 이를 '고객에게 실망을 준 실패'가 아니라 '서비스를 개선할 수 있는 기회'라고 바라볼 수 있다. 이렇게 리프레이밍하면 문제를 해결하는 데 필요한 동기를 부여받을 수 있다.

2) 업무 과부하

업무가 너무 많아져 스트레스를 받을 때, 이를 '부담스러운 일'이 아니라 '자신의 능력을 키울 수 있는 기회'라고 바라볼 수 있다. 이렇게 생각하면 업무에 대한 부담감을 줄이고, 더욱 열심히 일할 수 있는 동기를 얻을 수 있다.

3) 새로운 업무 배정

처음 맡게 된 업무에 대해 두려워할 때, 이를 '어려운 일'이 아니라 '새로운 스킬을 배울 수 있는 기회'라고 바라볼 수 있다. 이런 리프레이밍은 새로운 업무에 대한 두려움을 줄이고, 적극적으로 업무를 수행하는 데 도움이 된다.

4) 동료와의 갈등

동료와의 갈등 상황을 '관계의 위기'가 아니라 '서로를 이해하고 더욱 깊은 관계를 형성할 수 있는 기회'라고 바라볼 수 있다. 이런 시각은 갈등 해결에 필요한 대화와 소통을 촉진시킨다.

다양한 상황에서의 리프레이밍 활용 방법

1) 부정적인 상황을 긍정적으로 바라보기

어떤 상황이 부정적으로 느껴진다면, 그 상황을 긍정적인 방향으로 바라보는 시각을 가지려 노력해 본다. 예를 들어, '업무가 너무 많아 힘들다'는 생각을 '업무를 통해 많은 것을 배우고 성장할 수 있다'는 방향으로 바꿔 생각해 본다.

2) 문제를 기회로 바라보기

문제 상황을 '실패'나 '난관'이 아니라 '학습'이나 '성장'의 기회로 바라본다. 이러한 관점은 문제를 해결하는 데 도움이 될 뿐만 아니라, 자신감과 동기를 높이는 데도 큰 도움이 된다.

3) 갈등을 소통의 기회로 바라보기

갈등 상황을 '대립'이 아니라 '서로를 이해하고 배울 수 있는 기회'로 바라본다. 이러한 관점은 갈등을 해결하고, 더욱 견고한 관계를 형성하는 데 도움이 된다.

4) 실패를 경험으로 바라보기

실패를 '끝'이 아니라 '새로운 시작'으로 바라본다. 실패는 성공을 위해 필수적으로 거쳐야 하는 중요한 단계이며, 그 경험을 통해 더 많은 것을 배울 수 있다.

리프레이밍은 직장생활의 다양한 상황에서 활용할 수 있으며, 그 상황을 더욱 긍정적이고, 생산적인 방향으로 나아가게 도와준다. 이 기술을 잘 활용하면, 더욱 효과적으로 문제를 해결할 수 있다.

리프레이밍! 직장인에게 매우 중요한 스킬!

리프레이밍은 직장생활에서 부정적인 생각이나 감정, 문제 상황에 대해 새로운 시각으로 바라보게 해주며, 이를 통해 문제를 해결하고, 성장하며, 효과적으로 대처하는 데 도움을 준다.

1) 변화의 기회

문제는 실패가 아닌 변화와 성장의 기회이다. 부정적인 상황을 긍정적인 시각으로 바라보면, 그 상황을 해결하고 발전하는 데 도움이 된다.

2) 유연성

리프레이밍은 생각의 유연성을 증진시킨다. 다양한 시각으로 문제를 바라볼 수 있다면, 더 많은 해결책을 찾아낼 수 있다.

3) 자기성장

리프레이밍은 자기성장의 도구이다. 도전과 어려움을 통해 자신의 능력을 키울 수 있는 기회로 바라볼 수 있다.

리프레이밍은 사실 현실적으로 아무것도 바꾸지는 못하지만 우리가 앞으로 나아가는 것을 가로막는 부정적인 생각을 바꾸도록 도와준다. 우리는 직장생활을 하면서 수많은 부정적인 감정에 휩싸이게 된다. 부정적인 생각은 도파민(긍정적인 감정에 관여하는 신경전달 호르몬) 분비를 떨어뜨리고 이런 생각을 지닌 채 일을 하게 되면 안 될 수밖에 없는 일을 하는 셈이다. 무엇이든 긍정적으로 생각하고 생활하는 방식은 성공으로 가는 지름길이다. 이런 사고방식은 실패에 대한 민감성을 떨어뜨린다. 무슨 일이든 내가 배우는 기회라고 생각한다면 실패를 두려워하지 않게 된다. 이처럼, 리프레이밍은 직장생활에서 발생하는 다양한 문제와 상황을 긍정적으로 바라보고 해결하는 데 큰 도움을 준다. 리프레이밍 기술을 잘 활용하면, 더욱 성장하는 행복한 직장생활을 할 수 있다.

일반화의 함정에
빠지지 않는다

—

40. 바넘 효과

바넘 효과(Barnum effect)란 무엇인가?

바넘 효과는 사람들이 보편적으로 가지고 있는 성격이나 심리적 특징을 자신만의 특성으로 여기는 심리적 경향을 뜻한다. 일반적인 누구에게나 적용 가능한 성격 묘사를 특정한 개인에게만 적용되는 것으로 받아들이는 성향이다. 쉽게 말해 "코에 걸면 코걸이, 귀에 걸면 귀걸이" 상황을 뜻한다. 예를 들어, 점을 보러온 사람에게 점쟁이가 무슨 우환이 있냐고 물었을 때, '어떻게 알았지'라고 생각이 드는 상황이 있다. 일반적으로 점을 보러 오는 사람들은 우환이 있지만, 받아들이는 사람은 자기 자신한테만 적용되는 것으로 받아들일 수 있다.

바넘 효과는 19세기 미국의 서커스단에서 사람의 성격을 알아맞히고 조작으로 유명했던 서커스 단장 겸 흥행업자였던 피니어스 테일러 바넘으로부터 유래한다.

바넘 효과는 미국의 심리학자 버트럼 포러(Bertram Forer)의 이름을 따서 '포러 효과'라고도 불린다. 1949년에 포러가 대학생을 대상으로 실시한 성격검사 실험에서 바넘 효과를 처음으로 증명했기 때문이다.

바넘 효과는 개인이 자신에게 매우 일반적인 특성을 묘사하는 정보를 정확한 정보로 받아들여 자신의 특성과 일치한다고 믿으려는 현상을 말한다. 이 현상은 심리학에서 많이 연구되었으며, 주로 사주, 타로, 성격 테스트, 심리 분석 등에서 관찰된다.

직장에서 나타나는 바넘 효과 사례

직장에서 바넘 효과는 다양한 형태로 나타날 수 있다. 예를 들어, 직장 경영진이 제공하는 일반적인 피드백이나 성과 평가, 경영진이 제시하는 모호한 목표설정 등에서 바넘 효과를 관찰할 수 있다. 이런 상황에서 직원들은 이런 일반적인 정보를 자신에게 맞춤형으로 인식하고, 그에 따라 행동하게 된다.

1) 성과 평가

관리자가 직원들에 대한 성과 평가를 할 때, '열심히 일하는 사람', '뛰어난 커뮤니케이션 능력을 가진 사람' 등 일반적인 표현을 사용하면, 각 직원들은 자신의 특성에 맞게 그 평가를 이해하려 할 것이다. 예를 들어, '열심히 일하는 사람'이라는 평가를 받은 직원은 자신이 특별히 열심히 일했다고 생각하게 될 수 있다.

2) 팀 빌딩

팀 빌딩(팀원들의 작업 및 커뮤니케이션 능력, 문제 해결 능력을 향상시켜 조직의 효율을 높이려는 조직개발 기법) 활동 중에 리더가 "우리 팀은 잘 협력하는 팀"이라고 말하면, 각 팀원들은 자신이 특별히 협력적인 성격을 가졌다고 느낄 것이다. 이는 바넘 효과의 한 예로, 팀원들이 자신의 역할을 더욱 적극적으로 수행하도록 동기를 부여할 수 있다.

3) 교육 및 훈련

직장에서 진행하는 교육이나 훈련에서도 바넘 효과를 볼 수 있다. 예를 들어, 사내 교육에서 "우리 직원들은 뛰어난 문제 해결 능력을 가지고 있다"라는 메시지를 전달하면, 각 직원들은 자신이 특별히 문제 해결 능력이 뛰어나다고 느낄 수 있다.

바넘 효과는 사람들이 자신의 능력이나 특성을 긍정적으로 인식하도록 돕는 도구로 활용될 수 있다. 그러므로 이를 잘 이해하고 활용하면, 직장에서 팀워크 강화나 직원들의 동기부여에 큰 도움이 될 수 있다.

다양한 바넘 효과의 활용 분야

1) 콜드 리딩

정보가 거의 없는 상황에서 상대방의 성격, 생각, 상황 등에 대하여 추론하는 스킬을 의미한다. 점쟁이나 역술가들이 사람들의 행동 패턴에 대해서 예측하는 것이나, 점쟁이들이 일반적이고 모호한 정보를 제공하면 사람들은 마치 자신의 상황과 맞는다고 착각하게 된다. 미묘한 사람들의 반응을 빠르게 체크한 점쟁이들이 꼬리에 꼬리를 무는 방식으로 이야기를 이어나가다 보면 용하다는 반응을 얻게 되는 것이다.

2) 광고나 마케팅

제품이나 서비스를 판매할 때, 소비자의 자존감을 높이기 위해 "당신은 특별한 사람이며, 당신만을 위한 특별한 상품"과 같은 문구를 사용하는 것이다.

이러한 문구는 소비자들이 자신에게 해당될 것이라는 착각을 일으키게 되며, 제품이나 서비스를 구매하는 결정을 내리는 데 영향을 미칠 수 있다.

3) MBTI 성격 테스트

MBTI는 개인의 성향을 열여섯 가지 유형으로 분류해 주는 자기 보고식 성격 유형 테스트이다. 심리학자인 헤르만 브릭스와 딸인 이사벨 브릭스 마이너의 이름을 조합해서 명명했다. 인간의 성격을 네 가지 측면으로 구분한 후 열여섯 가지 유형으로 조합한다.

ENFJ, ISTP 등 다양한 조합이 도출되는 성격 측정 도구이다. 신기한 점은 부정적인 성격이 단 하나도 존재하지 않는다. 모두 긍정적이고 모호한 단어로 구성되어 있다.

4) 심리상담

상담의 상황에서 상대방에게 "당신은 이해심이 많고, 참을성이 강하며, 사람들 잘 끌어들이는 사람입니다"와 같은 말을 하면, 상대방은 이러한 특징들이 자신에게도 해당될 것이라는 착각을 하게 된다. 이러한 상황에서는 상대방의 신뢰를 얻을 수 있으나, 그와 동시에 자신이 말한 내용들이 상대방의 개인적인 특성과 일치하지 않을 경우, 상대방의 신뢰를 상실할 수도 있다.

바넘 효과를 피하는 방법

1) 명확한 커뮤니케이션

성과 평가나 업무 관련 정보를 전달할 때는 가능한 한 명확하고 구체적으로 전달하는 것이 중요하다. 이를 통해 바넘 효과로 인한 오해를 최소화할 수 있다.

2) 자기반성 및 피드백

자신의 생각이나 행동에 대해 주기적으로 반성하고, 동료나 상사로부터의 피드백을 적극적으로 수용하는 것이 중요하다. 이를 통해 자신이 바넘 효과에 빠지지 않도록 주의를 기울일 수 있다.

3) 다양한 시각 고려

의사결정을 할 때는 다양한 시각을 고려하는 것이 중요하다. 이를 통해 바넘 효과로 인한 일반적인 정보의 오용을 방지하고, 더욱 효과적인 의사결정을 할 수 있다.

바넘 효과는 우리가 자주 무의식적으로 빠져드는 심리적인 함정이다. 이를 잘 인식하고, 이에 대한 대응 방법을 알고 있으면 업무에서 더욱 효과적인 결과를 얻을 수 있다.

 인사이트

바넘 효과는 일반적인 정보나 특성을 자신에게만 적용하려는 우리의 심리적 경향을 나타낸다. 이는 자신의 성과나 역할을 과대평가하거나, 일반적인 상황을 자신에게만 적용하는 등의 오해를 초래할 수 있다. 그러므로 바넘 효과에 대한 이해를 통해 자신의 생각이나 판단을 조정하는 것이 중요하다. 이를 통해 더욱 명확하고 객관적인 판단을 내릴 수 있으며, 업무에서 더욱 효과적인 결과를 얻을 수 있다.

바넘 효과는 우리가 더 나은 의사결정을 내리는 데 도움이 될 수 있다. 일반적인 정보를 특정한 상황에만 적용하는 대신, 다양한 시각을 고려하고 여러 가지 가능성을 염두에 두는 것이 중요하다.

제5장

다시
봄

남의 불행은
나의 행복

—

41. 샤덴프로이데

샤덴프로이데 효과란 무엇일까?

샤덴프로이데는 독일어로 '남의 고통을 즐거워하는 기쁨'을 의미한다. 다른 사람의 불행을 기뻐하는 심리를 한마디로 말하면 질투다. 샤덴프로이데 효과란 다른 사람이 실패하거나 곤란한 상황에 처했을 때, 그것을 보며 쾌감을 느끼는 심리현상을 의미한다. 직장인의 관점에서 볼 때 샤덴프로이데는 경쟁이 치열한 업무 환경에서 두드러지게 나타날 수 있는데 이는 동료의 실수나 실패가 개인의 상대적 성공으로 인식될 수 있기 때문이다.

직장에서의 샤덴프로이데 효과

직장에서도 샤덴프로이데 효과는 자주 나타난다. 일반적으로 같은 부서 직원이 힘든 일을 당하면 동정심을 느끼면서도, 다른 부서 선배가 승진시험에서 떨어졌다는 소식을 듣고 "그 선배 이번 승진에 떨어졌다던데, 어쩐지 이상하더라!"라고 말하며 쌤통이라는 표정을 짓는 사람도 있다. 또는 인사발령이 생활근거지보다 먼 곳으로 나서 속상해하는 동료를 다들 위로하고 있는데 옆에 다가와서 "발령 소식 나도 들었어, 완전 시골로 났다며"라고 기쁘다는 듯이 약 올리는 사람도 있다. 농담인지 진담인지는 구별하기 힘들지만 당사자들에게 불쾌한 경험인 것은 분명하다.

1) 직장 내 승진 경쟁

직장에서 승진을 위한 경쟁이 치열할 때, 한 동료가 승진에 실패하거나 실수를 하는 경우, 다른 이들이 그 상황에서 쾌감을 느낄 수 있다. 이는 잠시 동안 자신의 경쟁 우위를 느끼게 하지만, 장기적으로는 동료 간의 경쟁이 과열되고, 협력보다는 개인의 이익을 우선시하는 분위기를 조성할 수 있다.

2) 업무 분장 불만

특정 동료가 과도한 업무량을 호소하며 힘들어할 때, 다른 직원이 이를 통해 자신의 업무량이 상대적으로 적다는 사실에 안도감을 느끼는 경우가 있다. 이는 팀워크를 약화시키고, 공정한 업무 분배에 대한 불신을 증가시킬 수 있다.

3) 직장 내 실수

동료가 보고서에 심각한 오류를 포함시켜 상사로부터 지적을 받는 경우를 목격할 때, 다른 직원이 그 실수를 자신의 우월함을 확인하는 기회로 여길 수 있다. 이런 행동은 직장 내에서의 지원과 격려 대신 비난과 오류 지적만이 팽배하게 되는 환경을 만들어, 전체적인 근무 환경의 질을 저하시킨다.

4) 프로젝트 실패

야심차게 진행했던 부서의 프로젝트가 좌절되었을 때, 그 책임이 특정 구성원에게 집중될 경우, 다른 구성원들은 책임에서 벗어난다는 안도감과 함께 샤덴프로이데를 경험할 수 있다. 이는 책임소재를 명확히 하기보다는 문제를 개인에게 전가하는 경향을 불러일으킬 수 있으며, 부서의 결속력을 약화시키는 결과를 초래한다.

이러한 사례들은 샤덴프로이데 효과가 직장생활에서 어떻게 나타나는지를 잘 보여준다. 이러한 감정은 조직의 분위기를 악화시키고, 서로 간의 신뢰를 해칠 수 있으므로, 이를 인지하고 억제하는 것이 중요하다.

샤덴프로이데 효과 실험 결과

일본의 다카하시 히데히코 교수는 하나의 실험을 했다. 젊은 남녀 열아홉 명에게 시나리오를 주며 자신을 주인공으로 생각하게

했다. 시나리오의 등장인물은 주인공을 포함해 세 명이고 나머지
는 모두 대학 동창생이라는 설정이었다. 시나리오의 내용에서 세
명의 동창생이 성공할 때 주인공의 불안과 고통은 커졌고, 세 명의
동창생이 실패할 때 주인공의 쾌감이 높아지는 것을 공명 영상 장
치로 측정했다. 이 실험은 사람들이 남의 불행을 보며 기쁨을 느끼
는 것이 본능적인 반응일 수 있음을 보여준다.

샤덴프로이데 효과는 인간의 본능적인 감정 중 하나지만, 이것
을 제어하는 것이 중요하다. 특히 직장 같은 공동체에서는 서로 돕
고 함께 성상하는 문화를 만드는 것이 중요하며, 이를 위해서는 샤
덴프로이데 효과를 최소화하는 것이 필요하다.

샤덴프로이데 효과를 최소화하기 위해 직장인 개개인은 서로를
존중하고 지원하는 문화를 적극적으로 만들고자 노력해야 한다.

 인사이트

샤덴프로이데 효과는 직장에서 경제적으로 부유하고, 능
력과 학력이 높으며, 상대가 나보다 더 나은 상황에 있다고 생각
할 때 생겨난다고 한다. 특히 동료에게 뒤처져서 자신이 초라하
게 느껴질 때 동료의 불행을 보면 무의식중에 '쌤통이다'라고 생
각하는 심리에 빠져들 수 있다. 샤덴프로이데는 나이가 비슷하
고 동성일 때 비교하는 심리가 작용해서 더 잘 생겨날 수 있다.
따라서 이런 복잡한 심리가 생기지 않도록 직장 동료 앞에서는
자신이 나은 점을 드러내는 언행을 절대로 삼가는 것이 좋다.

무언가 하나에 집중하면
다른 것은 보지 못한다

—

42. 보이지 않는 고릴라 효과

보이지 않는 고릴라(Invisible gorilla)는 무엇일까?

보이지 않는 고릴라(Invisible gorilla)는 미국의 유명한 심리학자 대니얼 사이먼스와 크리스토퍼 차브리스의 '보이지 않는 고릴라 실험'에서 유래되었다. 이 실험은 인지 편향(Cognitive bias)의 한 종류로서 사람들이 한 가지 주어진 작업에 집중하면서 놓치기 쉬운 정보를 무시하는 경향을 보여주고 있다. 고릴라가 보이지 않는 것은 무엇일까? 이러한 인식의 오류는 기대하지 못한 사물에 대한 주의력 부족의 결과이다. 사람들은 눈에 보이는 사물의 모습이나 움직임에 주의를 집중하고 있을 때 예상치 못한 사물이 나타나면 이를 알아차리지 못하는 경향이 있다. 또한 실제로 사람들이 경험하는 시각적 세계는 자신의 생각만큼 넓지 않다. 이렇게 눈이 특정 사물을 향하지만 다른 것을 신경 쓰느라 대상을 지각하지 못하는 현상을 '주의력 착각'이라고 한다.

직장에서의 보이지 않는 고릴라 효과

경찰이라는 조직에서 범인을 추적하던 중 일어난 사건을 다룬 '주의력 착각'에 대한 '보이지 않는 고릴라' 일화를 소개하고자 한다. 1995년 미국 보스턴의 강도 사건에 대한 내용으로 시작한다. 범행 후 도주하는 흑인 4인조 강도를 경찰이 추적하는 동안, 무전을 받고 사방에서 더 많은 경찰들이 모여들었다. 범인들을 추적하는 경찰들 중 역시 흑인인 콕스 경관이 있었는데, 경찰복이 아닌 사복을 입고 있던 그가 범인을 쫓아 울타리를 넘는 중 그를 범인으로 오인한 다른 경찰들에게 공격을 받아 뇌진탕을 입고 신장까지 손상되는 부상을 당할 정도로 심하게 묻지 마 집단 폭행을 당하고 있는 사이, 콘리 경관이 바로 그 옆을 지나 범인을 추적하여 마침내 체포한다. 그러나, 콕스 경관 폭행 사건을 재판하는 중 콘리는 콕스를 보지 못했다고 진술했다. 그는 거짓말을 한 게 아니라 정말 보지 못했다고 한다. 결국 실제 콕스 경관을 폭행한 경찰들은 아무도 기소되지 않았고, 증언한 콘리만 위증죄로 고소당해 실형이 선고되어 해임되고 감옥에 갇혔다. 나중에 검찰이 일부 증인의 신뢰성에 의혹을 제기하는 FBI 요원의 메모를 콘리의 변호인에게 공개하지 않았다는 이유로 2005년 상고 재판에서 유죄 판결이 뒤집혔다. 콘리는 이후 복직되어 11년간의 급여 65만 달러 정도를 보상받았다고 한다.

보이지 않는 고릴라 실험 결과

1999년 미국의 유명한 심리학자 대니얼 사이먼스와 크리스토퍼 차브리스가 '보이지 않는 고릴라 실험'을 하였다. 이 실험에서 참가자들은 팀으로 분할되어 빨간색과 파란색으로 옷을 입은 두 팀의 선수들이 공을 던지고 받는 동영상을 시청하였다. 참가자들은 과제를 수행하며 빨간색 팀이 공을 던지거나 받을 때만 카운트하라는 지시를 받았다. 그러나 동영상에서는 빨간색과 파란색 팀뿐만 아니라 중앙에서 고릴라 복장을 입은 선수가 나타나 가슴을 두드리며 화면을 가로지르는 동작을 했는데 이 장면은 참가자들 대다수가 신경 쓰지 않은 것으로 나타났다. 실험 결과, 절반 이상의 참가자들이 고릴라를 인식하지 못하고 놓치는 경향을 보였다. 이는 주어진 과제에 집중하여 빨간색과 파란색 팀의 공을 세는 것에 초점을 맞추다 보니 다른 중요한 시각적 자극을 무시하는 현상을 보인 것이다.

보이지 않는 고릴라 효과를 방지하는 방법

1) 주의의 한계에 대한 인식

보이지 않는 고릴라 실험은 우리가 동시에 주의를 집중할 수 있는 정보의 한계를 보여준다. 이를 인식하고 일상생활에서도 이를 고려하여 작업을 수행할 때 다른 중요한 요소를 놓치지 않도록 주의를 기울일 수 있다. 예를 들어 문제 해결이나 작업 수행 시 다양한 요소를 고려하고 다각도로 분석해야만 완전한 그림을 그릴 수 있다.

2) 선택적 주의에 대한 경계

선택적 주의는 우리가 주목하는 대상에 집중하면서 다른 중요한 정보를 놓치는 경향을 나타낸다. 이를 극복하기 위해 일상생활에서는 명확한 목표를 설정하고 주의를 집중시키는 것이 중요하다. 그리고 중요한 결정을 내릴 때는 다양한 측면을 고려하기 위하여 주의를 좀 더 넓혀 다른 관점을 살피는 것이 중요하다.

3) 개인 및 팀의 업무 관리

보이지 않는 고릴라 실험은 조직 내에서의 협업과 업무 관리에도 적용될 수 있다. 조직이 공동의 목표를 달성할 때 특정 부분에만 집중하면 다른 중요한 요소를 간과할 수 있다. 이를 방지하기 위해 팀원은 서로 의사소통을 강화하고 목표에 대한 이해를 공유하는 것이 중요하다. 또한 업무를 할당할 때도 다양한 역할과 책임을 분담하여 효율적인 협업을 이끌어 나가야 한다.

(!) 인사이트

　　보이지 않는 고릴라 효과는 사람이나 사물에 대한 주의를 집중하고 정보를 놓치지 않게 하는 능력을 향상시키라는 교훈을 제시한다. 직장생활에서는 주의를 집중시키기 위해서 명확한 목표를 설정하고 주의를 분산시킬 수 있는 요소들을 최소화하는 것이 중요하다. 또한, 보이지 않는 고릴라 실험은 우리의 주의력 한계와 인지 편향의 일종인 선택적 주의에 대한 인식을 높여주며 우리가 주의를 집중시키는 업무를 수행할 때 놓칠 수 있는 중요한 정보가 있을 수 있다는 것을 보여준다.

일어나지도 않을 일을
미리 걱정하지 않는다

—

43. 램프 증후군

램프 증후군(Lamp syndrome)이란?

램프 증후군(Lamp syndrome)이란 실제 일어날 가능성이 없는 일에 대하여 마치 알라딘이 요술램프의 요정 지니를 불러내듯 수시로 꺼내 보면서 걱정하는 현상이다. 심리학적 용어로 '과잉 근심 증후군'으로 불린다.

램프 증후군은 중동의 《천일야화》에 실린 〈알라딘과 요술램프〉에 나오는 이야기에서 유래되었다. 한 마법사가 알라딘을 꾀어내 동굴 속에 있는 낡은 램프를 대신 가져오라고 시킨다. 알라딘이 램프를 손에 넣은 뒤 마법사에게 동굴 속에서 꺼내달라고 하자 마법사는 램프를 먼저 건네면 꺼내주겠다고 한다. 알라딘은 이를 거부하고 마법사와 실랑이를 벌이다가 그만 동굴에 갇혀버린다. 다행히 알라딘은 마법사가 위험에 처했을 때 사용하라고 준 반지를 이용해 동굴을 탈출한다. 집으로 돌아온 알라딘은 낡은 램프를 어머니에게 맡긴다. 어머니가 램프를 닦자 소원을 들어주는 요정이 나타나고 나중에 알라딘은 램프의 요정 덕분에 공주와 결혼까지 하게 되었다는 이야기다. 램프 증후군은 현대에 이르러 램프의 요정을 불러내듯이 근심이나 걱정을 수시로 불러내 스스로를 괴롭히는 현상을 일컫게 되었다.

직장에서의 램프 증후군

직장인 P는 대기업의 마케팅팀에서 일하고 있다. 그녀는 한 큰 프로젝트의 신제품 출시를 앞두고 있었고, 이는 P의 경력에서 매우 중요한 이정표가 될 것이다. 그러나 P는 램프 증후군에 시달리고 있었다. 신제품 출시를 앞두고 그녀는 '만약 이 제품이 시장에서 완전히 실패한다면?'이라는 생각에 사로잡혔다. 이러한 생각은 실제로 발생할 가능성이 낮음에도 불구하고, 그녀는 마치 알라딘의 램프를 문지르고 요정 지니가 나타나 이러한 실패를 현실로 만들어 버릴 것만 같은 불안감을 갖게 됐다. 그녀는 제품의 실패가 자신의 경력에 미칠 영향, 회사 내에서의 평판, 심지어는 장래의 직업 안정성에 대한 걱정으로 잠을 이루지 못하기도 했다.

이러한 불안은 P가 업무에 집중하는 데 방해가 되었고, 실제로 필요한 업무 준비와 실행에 영향을 미쳤다. 그녀는 시간을 들여 시장 조사를 하는 대신, '만약에' 시나리오에 대비한 계획을 세우는 데 많은 시간을 할애했다. 이는 팀 내에서도 문제를 일으켰는데, P의 과도한 걱정이 팀원들에게 전달되어 팀 전체의 업무 분위기가 위축되고, 비생산적인 논의로 시간을 낭비하게 만들었다.

P의 사례에서 보듯, 램프 증후군은 직장인이 비현실적인 우려에 사로잡혀 업무 효율성을 저하시키고, 동료들과의 협업에 부정적인 영향을 줄 수 있다. 그러므로 이러한 심리적 패턴을 인지하고, 현실적인 가능성에 기초하여 문제를 해결하는 전략을 마련하는 것이 중요하다.

램프 증후군 효과 실험 결과

미국의 심리학자 어니 젤린스키는 "우리가 하는 걱정의 4% 정도만 해결할 수 있는 일에 대한 것이고 나머지 96%의 걱정은 하나마나 한 걱정이다"라고 한다. 쓸데없는 걱정과 염려로 스스로를 괴롭히기보다는 직장의 스트레스를 적절히 관리하면서 작은 일이라도 조금씩 성공의 경험을 쌓아가려는 태도가 필요하다.

우리는 정보화 사회에서 살면서 매일 수많은 끔찍한 뉴스를 접하게 되는데, 예측 불가능한 상황이 수시로 발생하는 것을 간접적으로 경험하게 된다. 이에 따른 불안감이 증가하고 민감하게 반응하게 되면서 램프 증후군이 더 많이 발생한다. 그렇지만 과도한 걱정은 모든 상황에서 소극적으로 반응하게 되고 새로운 도전의 기회를 스스로 잃게 만든다. 혼자 불안을 느끼고 걱정에 사로잡히지 않도록 산책이나 명상, 복식호흡, 스트레칭, 바이오 피드백(몸에 감지기를 부착해 심박 수, 호흡, 뇌파 등을 측정)을 해보며 몸의 긴장을 풀어보는 것도 좋은 방법이 될 것이다.

☞ 걱정을 해서 걱정이 없어지면 걱정이 없겠네(티베트 속담).

현명한 개인도 집단 속에 있으면 바보가 된다

—

44. 양떼 효과

양떼 효과란 무엇일까?

양떼 효과(Herding effect)란 무리에서 혼자 뒤처지거나 동떨어지는 것을 싫어해서 무리를 따라 하는 현상이다. 특정 브랜드의 옷이나 전자제품이 인기를 끌면 나머지 사람들도 같은 제품을 구매하려 하는 것을 예로 들 수 있다. 미국의 경제학자 하비 라이벤스타인(Harvey Leibenstein, 1922~1994)이 발표한 이론이다.

양떼 효과란 개인이 집단의 행동이나 의견을 무조건 따르는 현상을 말한다. 그래서 양떼 효과를 '편승 효과'라고도 부른다. 개인이 자신의 이성적 판단을 포기하고, 대중의 행동이나 추세를 따르는 경향을 보여준다. 이는 안전함을 추구하는 인간의 본래 성향과 관련이 있으며, 이를 통해 개인은 불확실성을 줄이고, 위험을 회피하는 효과를 기대할 수 있다.

직장에서의 양떼 효과

A 교육청에서는 회의할 때 양떼 효과가 자주 나타나곤 한다. 부서별 회의에서 의견을 개진할 때, 대부분의 직원들이 먼저 말한 사람의 의견을 따르는 경우가 많다. 이는 자신의 의견을 제시하는 것이 위험하다고 느끼거나, 다른 직원들과 의견이 다를 경우 부정적인 평가를 받을 수 있다는 두려움 때문이다. 이러한 행동은 잠재적인 문제를 제기하거나 창의적인 아이디어를 제안하는 것을 억제하며, 결국 조직의 성장을 저해할 수 있다.

1) 회의에서의 양떼 효과

B 부서의 팀 회의에서, 팀장이 먼저 자신의 의견을 밝혔다. 그의 의견이 팀의 목표와는 다소 벗어나 있음에도 불구하고, 팀원들은 팀장의 의견에 동의하는 모습을 보였다. 이는 팀장의 영향력과 팀원들 간의 동조화 현상, 즉 양떼 효과가 작용한 결과였다. 이로 인해, 팀은 잠재적인 문제를 발견하지 못하고, 결국 프로젝트가 실패로 끝나는 결과를 초래하고 말았다.

2) 직장인의 패션 트렌드

어떤 사무실에서, 한 명의 직원이 특정 브랜드의 가방을 들기 시작했다. 이후, 다른 직원들도 그 브랜드의 가방을 구매해서 들기 시작했다. 이는 양떼 효과의 한 예로, 개인들이 자신의 패션 스타일을 유지하기보다는 다수의 선택을 따르는 경향을 보여준다.

3) 기술 도입에서의 양떼 효과

기업에서 새로운 기술을 도입할 때도 양떼 효과가 발생할 수 있다. 예를 들어, 한 기업이 특정 IT 솔루션을 도입했을 때 성공적인 결과를 얻었다고 알려지면, 다른 기업들도 같은 솔루션을 도입하려는 경향이 있다. 이는 다른 기업들이 그 기업의 성공 사례를 모방한 양떼 효과의 한 사례이다. 이런 경우, 각 기업의 실제 상황이나 필요성을 고려하지 않고 무작정 도입하게 되면 비효율적인 결과를 초래할 수도 있다.

양떼 효과는 직장생활의 여러 상황에서 나타날 수 있으며, 때로는 효율적인 의사결정을 방해하거나 창의성을 억제하는 부정적인 결과를 초래할 수 있다.

양떼 효과 실험 결과

산만한 양떼들을 한곳에 모아놓으면 좌충우돌한다. 그러나 우두머리 양이 선두에서 지휘하기 시작하면 양들은 추호의 의심도 없이 우두머리 양을 따라나선다. 양떼가 지나가는 길목에 나무토막을 가로로 눕혀놓고 관찰했더니 첫 번째 양이 폴짝 뛰어넘으면 두 번째, 세 번째 양도 모두 폴짝폴짝 뛰어서 넘었다. 여기서 한 가지 재미있는 점은 나무토막을 치워도 뒤따르던 양이 앞선 양처럼 폴짝 뛰어 지나간다는 사실이다. 양떼 효과는 이렇게 양들이 우두머리를 따라서 움직이는 모습에서 착안한 것으로 인간의 추종심리를 상징적으로 나타낸다. 심리학 연구에 따르면, 사람들은 양떼처럼 자신의 판단을 무시하고 집단의 의견을 따르는 경향을 보여준다. 이는 특히 집단의 의견이 분명하게 나타날 때 또는 개인이 스스로 결정하기 어려운 상황에서 더욱 강하게 나타난다.

양떼 효과를 방지하는 방법

1) 독립적인 판단의 중요성

양떼 효과를 이해하고 인식하는 것은 중요하다. 이를 통해 우리는 집단의 의견에 무조건적으로 동조하지 않고, 자신의 판단을 유지하며 독립적인 의사결정을 하는 것의 중요성을 인지할 수 있다.

2) 다양한 의견 존중

조직 내에서는 다양한 의견을 존중하고, 개인이 자신의 의견을 자유롭게 표현할 수 있는 환경을 만드는 것이 중요하다. 이렇게 하면 양떼 효과에 의한 부정적인 영향을 최소화하고, 더 효과적인 의사결정을 할 수 있다.

3) 리더의 역할

리더는 양떼 효과를 인식하고 이를 관리하는 역할을 해야 한다. 리더가 자신의 의견을 먼저 표현하는 대신, 팀원들로부터 다양한 의견을 듣고 이를 종합하는 방식으로 의사결정 과정을 이끌면 양떼 효과를 피할 수 있다.

 인사이트

양떼 효과는 개인의 현명한 판단 없이 무지성으로 집단을 따라가는 군중심리, 대중심리, 집단심리이다. 이는 개인이 자신의 의견을 제시하거나, 창의적인 아이디어를 제안하는 것을 억제하며, 결국 조직의 성장을 제한할 수 있다. 따라서, 조직은 이러한 양떼 효과를 인식하고, 이를 극복하기 위한 방안을 마련해야 한다. 이를 위해 의사결정 과정에서 다양한 의견을 존중하고, 개인이 자신의 의견을 자유롭게 표현할 수 있는 환경을 만드는 것이 중요하다.

결론적으로, 양떼 효과는 인간의 본능적인 행동 중 하나지만, 이에 무의식적으로 휩쓸리지 않도록 주의해야 한다. 무엇보다 개인이 독립적인 판단력을 유지하고, 다양한 의견을 존중하는 조직문화를 형성하는 것이 중요하다.

직장에는 창의적이고 게으른 인재도 필요하다

—

45. 게으른 개미 효과

게으른 개미 효과란 무엇일까?

개미는 흔히 그들의 부지런함과 팀워크로 유명하지만, '게으른 개미 효과'는 이러한 일반적인 인식에 도전한다. 이 효과는 비상 상황이나 예외적인 문제가 발생했을 때 평소에는 눈에 띄지 않는 직원이나 팀원이 예상치 못한 해결책을 제시함으로써 중요한 역할을 할 수 있다는 개념이다. 이는 평상시에는 게을러 보여도, 그들만의 독특한 관점과 창의력이 때로는 더 큰 가치를 창출해 낼 수 있음을 말해준다.

직장에서의 게으른 개미 효과

　직장에서도 게으른 개미를 종종 목격할 수 있다. 평소에는 업무에 소극적이거나 창의적이지 않아 보이는 직원이 갑작스러운 위기 상황에서 기발한 아이디어를 내거나 문제를 해결하는 데 결정적인 역할을 하는 경우가 있다. 이는 그 직원이 평소에 다양한 생각을 하거나, 틀에 박힌 업무 수행 방식에서 벗어난 결과일 수 있다. 이처럼 '게으른 개미'는 비상시에 조직에 필요한 새롭고 창의적인 시각을 제공할 수 있다. 실제로 많은 조직에서 이러한 현상이 발견된다. 한 조직에서는 프로젝트 마감일이 임박했을 때, 일반적으로 업무에 열심이거나 적극적이지 않던 한 직원이 독창적인 해결책을 제시하여 프로젝트를 성공적으로 마무리 지을 수 있었다는 이야기가 있다. 이 직원은 평소에는 업무 속도가 느리고 자주 쉬는 모습을 보여서 동료들 사이에서 '게으른 개미'로 불렸지만, 결국에는 그의 창의적 접근 방식이 팀에 큰 도움이 되었다.

　구글의 사례를 예로 들면, 근무 시간의 20%는 업무와 직접 연관이 없는 다른 것들을 연구하고 시도하는 데 쓰도록 한다는 제도도 같은 맥락에서의 시도일 것이다. 당장 도움이 되지는 않겠지만, 기업 차원에서 신규 사업을 준비하는 것도 되고, 직원들은 개인 차원의 경쟁력을 키우며 80%의 시간은 회사 일에 집중할 수 있는 안정감을 갖게 된다.

게으른 개미 효과의 연구 사례

　개미를 연구하던 생물학자는 개미 무리의 80%는 성실히 일하고 20%는 이곳저곳을 돌아다니기만 할 뿐 일은 하지 않으며 게으름을 피운다는 사실을 발견했다. 그러나 식량 공급처가 사라지거나 개미집이 파괴되어 위기 상황에 직면했을 때 부지런한 개미들은 속수무책이 되었다. 오히려 게으름을 피우던 개미들이 미리 정찰해 둔 새로운 식량 공급처로 무리를 인도했다. 이렇게 게으른 개미들이 사라지기라도 한다면 온 개미 집단이 혼란의 도가니에 빠졌다. 이러한 효과를 '한 마리의 게으른 개미가 전체 개미 무리의 생존을 좌우하는 현상'으로 '게으른 개미 효과'라고 부른다. 평상시에 농땡이를 치지만, 절박한 위기 상황에서 다른 행동 방식으로 해결책을 찾는 데는 열심히 주어진 틀 안에서만 성실히 보냈던 개미들보다는 확실히 나은 결과를 가져온 것이다. 개미의 연구를 수행한 생물학자는 이렇게 결론을 내렸다.

　"일하지 않는 개미가 어느 정도 포함된 비효율적인 시스템이 개미 집단의 존속에 필요하다", 이 결과는 조직도 단기적인 효율이나 성과보다 장기적인 관점을 갖고 운영하는 것이 중요하다는 점을 시사해 준다.

《새로운 시대의 권력, 마이크로 파워》의 저자 천훙안은 "어떤 직원이 별로 하는 일은 없어 보이는데 월급만 많이 받는 다면 덮어놓고 비난하기보다는 그 이유를 곰곰 따져보기 바란 다. 경영자는 모범적인 직원에게만 주목할 것이 아니라 한가하 다 못해 종종 한심해 보이는 직원에게도 관심을 보여야 한다. 또한 게으른 개미의 잠재력을 지닌 그에게 자신의 능력과 창의 력을 입증할 시간과 기회를 주어야 한다. 한 마리 게으른 개미 의 능력은 분명 백 마리 부지런한 개미가 잃은 것을 만회하고도 남을 만큼 뛰어날 수 있다"고 말했다.

개미 집단의 장기 존속을 위해서는 일하지 않는 게으른 개미가 일정 부분 존재할 필요가 있다. 이처럼 직장 내에서 '게으른 개 미 효과'를 이해하고 활용하는 것은 조직의 다양성과 창의성을 높이는 데 기여할 수 있다. 모든 직원이 똑같은 방식으로 업무 를 처리하는 것이 아니며, 각자의 고유한 방식이 있음을 인정하 고, 이를 통해 조직에 새로운 아이디어와 해결책을 가져다줄 수 있는 잠재력을 발견하는 것이 중요하다.

의사결정의
인지적 단축

—

46. 휴리스틱스

휴리스틱스란

휴리스틱스(Heuristics)란 사람들이 복잡하고 불확실한 상황에서 간편하고 신속한 판단을 내리기 위해 사용하는 인지적 단축, 즉 '휴리스틱스(Heuristics)'를 활용하는 것을 말한다. 이러한 휴리스틱스는 복잡한 의사결정 과정을 단순화하여 빠른 결정을 가능하게 하는 인지적 전략이다. 직장인의 경우 매일 수많은 결정을 내려야 하는데, 모든 결정에 대해 완벽한 정보를 기반으로 한 철저한 분석을 하는 것은 현실적으로 불가능하다. 이때 휴리스틱스는 이런 상황에서 경험, 직관, 규칙성 등을 기반으로 판단을 내리는 방법을 제공한다.

직장생활에서의 휴리스틱스 사례

직장생활에서 휴리스틱스는 직관과 경험을 바탕으로 빠르고 효율적인 판단을 내리는 인지적 단축이다. 이는 복잡하고 불확실한 업무 상황에서 직장인이 경험적인 지식을 활용하여 신속한 의사결정을 내리는 데 도움을 준다.

1) 가용성 휴리스틱스

한 직장인이 프로젝트의 위험을 평가할 때, 최근에 발생한 사건이나 자신이 쉽게 기억하는 실패 사례에 크게 의존하여, 그 프로젝트의 위험성을 과대평가하게 되는 경우이다. 가용성 휴리스틱스는 쉽게 떠오르는 정보에 더 많은 가중치를 두는 경향을 나타낸다.

2) 대표성 휴리스틱스

직장의 채용 담당자가 지원자의 이력서를 볼 때, 특정 대학교나 전 직장의 명성에 기반해 그 지원자의 능력을 평가하는 경우이다. 지원자가 특정 그룹의 특징을 대표한다고 믿어, 그에 대한 심도 깊은 평가 없이 결정을 내리는 것이다.

3) 앵커링 휴리스틱스

직장 내 예산 회의에서 초기 제안된 예산안이 이후 모든 논의의 기준점(앵커)이 되어, 실제 필요한 금액보다 높거나 낮은 예산이 책정되는 경우이다. 처음 제시된 값에 지나치게 의존하여 조정하는 경향이 있다.

4) 정서적 휴리스틱스

직장인이 감정적으로 특정 동료나 상사에게 호감을 느끼거나 불쾌감을 가질 때, 그 감정이 업무에 대한 판단이나 의사소통 방식에 영향을 미치는 경우이다. 감정이 판단의 기준이 되어 객관적인 분석보다는 주관적인 느낌에 의존하게 된다.

이러한 휴리스틱스는 직장생활에서 흔히 발생하며, 때로는 의사결정을 신속하게 하는 데 유용하지만, 잘못된 판단으로 이어질 위험도 내포하고 있다. 따라서 휴리스틱스를 이해하고 적절히 활용하는 것이 중요하다.

직장에서의 휴리스틱스 효과

복잡한 업무 환경 속에서 직장인들은 매일 수많은 결정을 내려야 한다. 이때 모든 결정에 대해 깊이 있는 분석을 수행하기에는 시간이나 자원이 부족할 수 있다. 휴리스틱스는 이러한 경우에 유용한 도구가 된다. 예를 들어, 고객의 불만사항을 들었을 때, 과거의 비슷한 상황에서 얻은 경험을 바탕으로 신속하게 해결책을 제시할 수 있다.

1) 상사와의 관계

상사는 부하 직원들의 역량을 신속하게 평가하고, 적재적소에 배치하기 위해 휴리스틱스를 활용할 수 있다. 예를 들어, 직원의 과거 업무 성과와 행동 패턴을 통해 그들의 잠재력과 팀 내에서의 역할을 직관적으로 판단할 수 있다.

2) 동료와의 관계

동료들 사이에는 협업을 위한 의사결정이 필요할 때 휴리스틱스가 적용된다. 서로의 업무 스타일과 성향을 빠르게 파악하고, 이를 기반으로 업무 분담이나 협업의 방향을 조율할 수 있다.

3) 고객과의 관계

고객 서비스를 담당하는 직장인은 고객의 말투, 표정, 구매 이력 등을 통해 그들의 요구를 예측하고 적절한 서비스를 제공하기 위해 휴리스틱스를 사용한다. 이는 고객 만족도를 높이고 충성 고객을 유지하는 데 중요한 역할을 한다.

휴리스틱스 효과는 직장인이 빠르고 효과적으로 업무를 수행하는 데 크게 기여한다.

하지만, 휴리스틱스에 지나치게 의존하게 되면, 편향이나 오류를 가져올 수 있으므로 주의가 필요하다. 예를 들어, 과거의 경험에 지나치게 의존하여 새로운 상황에 적합하지 않은 판단을 내리거나, 편향된 정보에 기반하여 결정하는 경우가 이에 해당한다. 따라서 휴리스틱스를 활용할 때는 그 한계를 인지하고, 필요한 경우 보다 면밀한 분석을 병행하는 것이 중요하다. 현명한 직장인은 휴리스틱스를 적절히 활용하여 업무의 효율성을 높이면서도, 필요한 경우에 보다 체계적인 분석을 병행하여 균형 잡힌 의사결정을 내려야 한다.

중요한 정보만
선택적으로 지각한다

—

47. 칵테일 파티 효과

칵테일 파티 효과(Cocktail party effect)란 무엇일까?

　칵테일 파티 효과는 여러 사람의 목소리나 잡음이 많은 시끄러운 상황에서도 본인이 중요하거나 흥미를 갖는 특정 소리나 대화에 선택적으로 집중할 수 있는 심리학적 현상을 말한다. 이는 선택적 지각(Selective perception)의 한 형태로, 우리가 주변의 수많은 정보 중에서 자신에게 중요한 정보만을 선택적으로 인지하고 처리하는 능력을 보여준다.

직장에서의 칵테일 파티 효과

직장에서 칵테일 파티 효과는 다양한 방식으로 나타날 수 있다. 예를 들어, 팀 회의 중에 여러 사람이 동시에 이야기하더라도, 우리는 자신의 업무에 관련된 특정 대화에 집중할 수 있다. 또한, 복잡하고 번잡한 사무실 환경에서도 중요한 이메일이나 전화 통화에 집중할 수 있다.

1) 회의 중 집중력

여러 사람이 참석한 회의에서, 사람들은 주로 자신의 역할에 관련된 내용에 집중한다. 예를 들어, 마케팅팀장은 마케팅에 관한 토론이나 제안에 더욱 귀 기울이며, 그 외의 내용은 상대적으로 덜 주의를 기울일 수 있다. 이는 그들이 선택적으로 자신에게 중요한 정보에만 집중하는 칵테일 파티 효과의 활용을 보여준다.

2) 이메일 관리

직장인들은 하루에 수십, 수백 통의 이메일을 받을 수 있다. 그럴 때, 우리는 중요한 이메일만을 빠르게 파악하고 처리하는 능력이 필요하다. 이는 칵테일 파티 효과의 한 형태로, 우리가 중요한 정보를 우선적으로 인지하고 처리하는 능력을 보여준다.

3) 중요한 통화에서의 집중력

잡음이 많은 환경에서도 중요한 전화 통화에 집중할 수 있다. 예를 들어, 영업 담당자는 고객과의 중요한 통화 중에는 주변 소음에 신경 쓰지 않고 고객의 요구 사항에 집중할 수 있다.

4) 업무 우선순위

업무를 처리하면서 직원들은 중요한 업무와 그렇지 않은 업무를 구분하고, 중요한 업무에 먼저 집중해야 한다. 이는 칵테일 파티 효과의 원리를 활용한 것으로, 중요한 업무라는 '소리'에 집중하고, 그 외의 업무라는 '잡음'을 배제하는 것이다.

칵테일 파티 효과 실험 결과

1953년 영국 왕립 런던대학교의 인지과학자 콜린 체리는 독특한 실험을 했다. 피험자들에게 헤드폰을 나눠 주고 같은 목소리로 서로 다른 내용을 말하는 것을 양쪽 귀로 동시에 듣게 했다. 그다음 실험에서는 한 가지 내용을 오른쪽 귀로만, 다른 한 가지 내용은 왼쪽 귀로만 듣게 했다. 피험자들은 한 가지 내용에 집중하다가 들은 내용을 말로 반복한 후 주요 내용을 종이에 적었다. 실험 결과 그들은 두 가지 내용을 양쪽 귀로 동시에 들을 때도 자신이 듣고자 하는 이야기를 구별할 수 있었고 관심 없는 이야기에는 집중하지 않았다. 이는 인간에게 감각기억이 있기 때문에 가능하다. 감각기억은 우리의 뇌가 주변의 다양한 소리 중에서 특정 소리를 선택적으로 처리할 수 있는 선택적 지각 능력을 보여준다. 칵테일 파티 효과에 대한 연구에서 사람들이 시끄러운 환경에서도 자신에게 중요한 정보에 집중할 수 있는 능력을 확인하였다.

인사이트

　　칵테일 파티 효과는 직장에서 정보를 효과적으로 처리하고, 중요한 업무에 집중하는 데 중요한 역할을 한다. 이를 이해하고 활용하면, 복잡하고 바쁜 직장생활에서도 중요한 업무에 효과적으로 집중하고, 필요한 정보를 정확히 인지하는 데 도움이 될 수 있다. 그러나 이는 항상 공정하고 윤리적인 방식으로 이루어져야 하며, 다른 사람의 의견이나 정보를 존중하고 고려하는 데도 중요하다.

이처럼 칵테일 파티 효과는 직장의 다양한 상황에서 나타날 수 있으며, 이를 이해하고 활용하면 업무 수행 능력을 향상시키는 데 도움이 될 수 있다.

빠른 변화에 대처하는
기민한 업무 방식이 필요하다

—

48. 애자일 워킹

에자일 업무 방식이란 무엇일까?

애자일(Agile)은 대다수 직장인에게 조금 생소한 용어지만 소프트웨어를 공부한 사람에게는 익숙한 용어이다. 애자일은 '기민한', '민첩한'이란 뜻으로 애자일 방식은 정해진 계획만 따르기보다 개발주기 혹은 소프트웨어 환경에 따라 유연하게 대처하는 방식이다. 기존 방식(Waterfull, 워터풀)과는 반대로 적은 돈과 시간의 제약을 극복하기 위해 고객과 시장의 요구 사항을 끊임없이 수정하는 1990년대 소프트웨어 개발을 위한 하나의 방법론이었다. 기존의 방식이 불확실성 환경에서의 성공률을 높이기 위해 사전 조사와 분석 작업에 힘썼다면 애자일 방식은 완벽하지 않더라도 일단 시도해 보고 그 결과를 통해 습득한 데이터를 제품에 다시 반영하는 소프트웨어 업무 방식이다.

애자일 조직의 특징

애자일 조직은 기존의 계층적인 조직 구조를 탈피하여, 더 빠르고 유연하게 변화하는 시장 환경에 대응할 수 있는 구조를 갖추고 있다. 애자일 조직은 각 팀이 독립적으로 업무를 수행하며, 자율성을 갖는 것이 특징이다.

직장인의 관점에서 보면, 이는 자신의 역량을 더욱 발휘할 수 있는 기회를 제공한다고 볼 수 있다. 특히, 팀원 간의 의사결정 과정에서 직접 참여하고, 자신의 아이디어를 제안하고 실행해 볼 수 있으므로, 보다 적극적인 업무 참여가 가능하다.

그러나, 이런 자율성은 동시에 높은 책임감을 요구하기도 한다. 팀의 성과는 각 팀원의 업무 수행 능력과 책임감에 의해 크게 좌우되기 때문이다. 따라서, 애자일 조직에서 일하는 직장인은 자기주도적인 업무 수행 능력과 문제 해결 능력이 요구된다.

또한, 애자일 조직은 변화에 대응하는 능력이 중요하다. 시장 환경이나 고객의 요구가 변할 때, 팀은 빠르게 이에 대응하는 전략을 세우고 실행해야 하기 때문이다. 이러한 점에서, 애자일 조직에서 일하는 직장인은 업무 환경의 변화를 빠르게 인지하고 적응하는 능력이 필요하다. 애자일 조직의 장점은 무엇보다 속도일 것이다. 기존 조직 체계에서는 업무가 한 부서에서 완성되어 다른 부서로, 또 피라미드식의 상위 조직으로 단계별로 진행되는 경우가 많기 때문에 그만큼 속도가 느리고, 특히나 중간에 오류나 수정이 필요한 경우에는 시간이 그만큼 많이 걸리는 단점이 있었다.

애자일 조직에서는 시간이 오래 걸리는 단점이 극복되고 여러 전문가들이 프로젝트 단위로 빠르고 유연하게 업무를 진행할 수 있는 장점이 있다.

실제 회사에서 업무를 하면서, 팀 단위의 조직운영 때문에 가끔 답답할 때가 많을 것이다. 조금 더 기민하게 조직운영을 할 수 있다면, 훨씬 더 장점이 많을 텐데 하고 말이다.

요약하자면, **애자일 조직에서 일하는 직장인은 자율성, 책임감, 변화에 대한 적응력이 중요하다**는 것을 알 수 있다. 이 세 가지 요소는 애자일 조직의 핵심 가치를 반영하며, 이를 바탕으로 직장인은 자신의 역량을 발휘하고 팀의 성과를 높이는 데 기여할 수 있다.

애자일 업무 방식을 도입한 조직의 성공 사례

1) 스파르타 시스템스

이 소프트웨어 개발 회사는 애자일 방식을 도입하여 전체적인 생산성을 향상시켰다. 스크럼(Scrum) 방식을 채택하여 프로젝트 관리를 하였고, 이를 통해 빠른 피드백과 지속적인 개선을 이루어 냈다.

2) IBM

IBM은 수십 년에 걸친 긴 역사를 가진 대기업이지만, 애자일 방식을 성공적으로 도입하여 기업문화를 혁신하였다. IBM은 전체 직원을 대상으로 애자일 교육을 실시하였고, 이를 통해 조직의 유연성을 향상시키고 생산성을 높였다.

3) 스포티파이

스포티파이는 애자일 방식을 통해 빠르게 성장한 대표적인 사례이다. 스포티파이는 '스쿼드'라는 작은 팀 단위로 구성되어 있고, 각 팀이 독립적으로 업무를 수행한다. 이를 통해 빠르게 변화하는 음악 시장에 대응할 수 있었다.

4) 마이크로소프트

마이크로소프트는 애자일 방식을 도입하여 제품 개발 시간을 크게 단축시켰다. 특히, Windows 운영체제의 개발 과정에서 애자일 방식을 도입하였고, 이를 통해 효과적으로 개발 프로세스를 진행하였다.

애자일 방식은 다양한 분야의 조직에서 성공적으로 도입되고 있다. 애자일 방식은 빠르게 변화하는 시장 환경에 적응하고, 효과적으로 팀을 운영하며, 더 나은 제품과 서비스를 제공하는 데 큰 도움을 준다.

성공한 애자일 조직들의 공통점

1) 고객 중심

애자일 조직은 고객의 필요에 빠르고 정확하게 반응하는 것을 최우선으로 한다. 고객의 요구 사항에 따라 유연하게 조직의 방향성을 바꿀 수 있으며, 이를 통해 고객 만족도를 높인다.

2) 팀의 자율성

각 팀은 자신의 업무를 스스로 관리하고, 팀원 간의 협의를 통해 업무의 우선순위를 결정한다. 이는 팀원들의 창의성과 동기부여를 높이며, 더 나은 결과를 도출하기 위한 실험과 변화를 가능하게 한다.

3) 빠른 피드백과 반복적인 개선

애자일 조직은 제품이나 서비스를 개발하는 과정에서 빠르게 피드백을 받고 이를 반영하는 것을 중요시한다. 이를 통해 제품이나 서비스의 품질을 지속적으로 개선하며, 고객의 요구 사항에 더 잘 맞추어 나간다.

4) 오류 허용 문화

실패를 통해 배우는 것을 중요하게 생각하는 애자일 조직은, 실수를 통해 얻은 교훈을 바탕으로 더 나은 결과를 얻을 수 있도록 오류 허용 문화를 가지고 있다.

5) 유연한 조직 구조

애자일 조직은 유동적인 팀 구성과 역할 분배를 갖는다. 이는 조직이 빠르게 변화하는 환경에 적응하고, 다양한 업무를 효과적으로 수행할 수 있도록 한다.

이와 같은 특징들은 애자일 조직이 빠르게 변화하는 시장 환경에 유연하게 대응하고, 고객의 만족도를 높이는 데 큰 역할을 한다.

애자일 업무 방식의 장점

1) 고객 만족도 향상

애자일 방식은 고객의 피드백을 즉시 반영하여 제품이나 서비스를 개선하는 것을 중요시한다. 이를 통해 고객의 요구 사항을 빠르고 정확하게 충족시키며 고객 만족도를 높일 수 있다.

2) 유연한 변화 관리

애자일 방식은 빠르게 변화하는 시장 환경에 유연하게 대응할 수 있다. 즉, 시장의 변화나 고객의 요구 사항이 변경될 경우에도 쉽게 방향을 수정하거나 새로운 기능을 추가할 수 있다.

3) 품질 향상

애자일 방식은 제품이나 서비스의 품질을 지속적으로 개선하는 것을 목표로 하고 있어, 빠른 피드백과 반복적인 개선 과정을 통해 높은 품질의 결과물을 만들어 낼 수 있다.

4) 생산성 향상

애자일 방식은 작은 단위의 목표를 설정하고 이를 달성하는 방식으로 진행되므로, 팀의 생산성을 향상시킨다. 또한, 팀원 간의 의사소통과 협력을 강조하여 업무 효율성을 높인다.

5) 직원의 동기부여

애자일 방식은 구성원들이 자신의 업무를 스스로 관리하고, 의사결정 과정에 참여하도록 한다. 이는 구성원들의 창의성과 동기를 높이며, 더 나은 결과를 도출하는 데 기여한다.

이렇게 애자일 방식을 적용하면, 고객 만족도, 품질, 생산성의 향상과 함께, 변화에 대응하는 유연성과 직원의 동기부여 등 다양한 이점을 얻을 수 있다.

💡 인사이트

코로나 팬데믹이 촉발시킨 영향으로 기업들의 업무 방식이 다양하게 진화하고 있다. 무엇보다 기업들의 디지털 전환이 가속화되어 원격근무로 재택근무가 활성화되었고 근무 시간의 유연화로 리모트(원격), 하이브리드 근무방식이 일상화되었다. 이에 따라 업무 방법에 대한 새로운 변화 방향으로 애자일 업무 방식이 자주 언급되고 있다.

애자일 업무 방식은 빠르게 변화하는 현대의 직장생활에 맞는 효과적인 방법론이다. 이 방식은 고객 중심, 조직의 자율성, 빠른 피드백, 지속적인 개선, 변화에 대한 유연성 등을 중심으로 한다. 이를 통해 고객의 요구를 빠르게 반영하고, 조직의 생산성을 높이며, 제품이나 서비스의 품질을 지속적으로 향상시킬 수 있다.

직장에서 트라우마 상황은
무조건 회피하고 싶다

—

49. 가르시아 효과

가르시아 효과란?

가르시아 효과는 심리학에서 잘 알려진 학습 이론 중 하나로, 특정 음식이나 자극에 대한 불쾌한 경험을 한 후 그것을 기피하는 현상을 말한다. 이 현상은 1966년에 심리학자 존 가르시아(John Garcia)와 로버트 코엘링(Robert Koelling)에 의해 처음으로 연구되었다. 그들의 실험에서는 쥐가 특정 맛이나 빛에 대한 불쾌한 경험 후 그것을 피하는 것을 관찰하였다.

직장에서의 가르시아 효과

직장에서 가르시아 효과는 다양한 형태로 나타날 수 있다. 예를 들어, 직원이 특정 프로젝트나 업무에 참여하면서 부정적인 경험을 겪었다면, 그 후에는 비슷한 프로젝트나 업무를 피하려는 경향을 보일 수 있다.

1) 특정 업무에 대한 부정적 경험

만약 직원이 특정 업무를 수행하면서 실패했거나, 그 과정에서 스트레스를 많이 받았다면, 그 후에는 같은 종류의 업무를 피하려고 할 수 있다. 이는 가르시아 효과의 일종으로, 부정적인 경험으로 인해 미래의 유사한 상황을 피하는 경향을 보인다.

2) 특정 동료와의 협업 경험

직원이 특정 동료와 협업하면서 문제를 겪었다면, 그 후에는 그 동료와 함께 일하는 것을 피하려고 할 수 있다. 이는 또한 가르시아 효과의 예시로, 부정적인 경험으로 인해 유사한 상황을 피하려는 경향을 보인다.

3) 특정 기술이나 도구 사용에 대한 경험

직원이 특정 기술이나 도구를 사용하면서 어려움을 겪었다면, 그 후에는 그 기술이나 도구를 사용하는 것을 피하려고 할 수 있다. 이는 가르시아 효과의 예로, 부정적인 경험으로 인해 유사한 상황을 피하는 경향을 보인다.

가르시아 효과의 실험 결과

미국의 심리학자 존 가르시아는 1955년 쥐를 대상으로 실험하였다. 쥐에게 사카린이 든 물을 먹이고, 일정 시간이 지난 후 감마선을 쏘아 쥐가 먹은 물을 토하게 한다. 그 후 쥐에게 사카린이 들어 있는 물을 다시 주면 쥐는 그 물을 마시지 않는다. 다른 요인 때문에 구토를 했을 수도 있지만 쥐는 사카린 물을 먹어서 토했다고 생각한다. 그래서 더 이상 사카린이 들어 있는 물을 마시지 않게 된다.

가르시아 효과의 문제점과 해결법

가르시아 효과는 개인과 조직 모두에게 문제를 일으킬 수 있다. 개인의 경우, 부정적인 경험으로 인해 새로운 기회나 도전을 피하게 되면, 이는 자신의 성장과 발전을 방해할 수 있다. 조직의 경우, 직원들이 특정 업무나 프로젝트를 피하게 되면, 이는 조직의 업무 효율성이나 성과에 부정적인 영향을 미칠 수 있다.

가르시아 효과의 문제점을 해결하기 위해, 매니저나 경영진은 직원들의 부정적인 경험을 듣고 이를 해결하는 데 필요한 지원을 제공해야 한다. 또한, 개인적으로는 부정적인 경험을 겪은 후에도 새로운 기회나 도전을 두려워하지 않고, 필요하다면 추가적인 지원이나 교육을 요청하는 것이 중요하다. 이렇게 함으로써 가르시아 효과의 영향을 최소화하고, 자신의 성장과 발전을 돕는 데 필요한 기회와 도전을 적극적으로 받아들일 수 있다.

인사이트

　　가르시아 효과를 이해하고 인식하는 것은 매우 중요하다. 이를 통해 개개인이 부정적인 경험에 근거한 두려움을 극복하고 새로운 도전을 하도록 돕는 것이 가능해진다. 또한, 조직은 이를 통해 직원들이 겪는 어려움을 이해하고, 그것을 해결하는 데 필요한 지원을 제공하는 데 도움이 될 수 있다.

가끔 실수하는 상사에게
호감을 느낀다

—

50. 엉덩방아 효과

엉덩방아 효과란 무엇일까?

엉덩방아 효과는 사람들이 결점이 전혀 없는 사람보다는 약간의 결점이 있는 사람에게 더 호감을 느낀다는 심리학적 현상을 의미한다. 이 효과는 사람들이 완벽함보다는 약간의 결함을 가진 사람을 더 인간다운, 접근하기 쉬운 것으로 인식하기 때문에 발생한다. 엉덩방아 효과는 결점이 전혀 없이 완벽주의자가 호감을 사는 것이 아니라 호감을 많이 받는 사람은 평소에 똑똑하지만 작은 허점이 간혹 보이는 사람이라는 것이다. 그래서 엉덩방아 효과는 다른 이름으로 '실수 효과'라고 부르기도 한다.

직장에서의 엉덩방아 효과 사례

직장에서 엉덩방아 효과는 다양한 상황에서 나타날 수 있다. 예를 들어, 직원들은 완벽하게 모든 일을 처리하는 상사보다는 가끔 실수를 하는 상사에게 더 호감을 느낄 수 있다. 이는 완벽한 상사가 때로는 접근하기 어렵고, 압박감을 주는 반면, 실수를 인정하고 개선하는 상사가 더 인간다운 이미지를 보여주기 때문일 수 있다.

나도 오랜 직장생활을 해오면서 기억나는 좋은 상사는 거의 완벽함을 갖춘 능력 있는 상사보다는 능력은 그리 뛰어나지는 않았지만 부족한 부하 직원을 품어주고 챙겨주며, 진심 어린 충고를 해주는 인간미가 넘치는 상사였다.

1) 리더의 실수 인정

팀의 리더 R은 프로젝트의 중요한 부분에서 실수를 저질렀다. 그러나 그는 실수를 인정하고 즉시 해결책을 찾아 팀원들에게 공유했다. 결과적으로 팀원들은 그의 솔직함과 책임감을 인정하게 되었고, 그에게 더 큰 신뢰를 가지게 되었다. 이는 엉덩방아 효과의 한 예시로, 완벽한 팀 리더보다는 실수를 인정하고 개선하는 팀 리더에게 더 호감을 느낄 수 있음을 보여준다.

2) 소통의 중요성

부서원 A는 커뮤니케이션 능력이 매우 뛰어났으나, 때때로 그의 메시지가 잘못 전달되는 경우가 있었다. A는 자신의 오해를 인정하고, 잘못된 정보를 바로잡기 위해 노력했다. 이는 엉덩방아 효과

의 한 사례로, 완벽한 커뮤니케이션 능력보다는 소통의 중요성을
인지하고 이를 개선하려는 노력을 더욱 칭찬받았다.

3) 문제 해결 능력

개발자 M은 프로그램 코드 작업 중에 실수를 저질렀지만, 그는
이를 잘 인정하고 오류를 수정했다. 그는 이 과정을 통해 자신의
문제 해결 능력을 향상시키고, 동료들에게 실수를 인정하고 이를
바로잡는 것의 중요성을 보여주었다. 이는 엉덩방아 효과의 한 예
시로, 실수 없는 완벽한 개발자보다는 실수를 인정하고 이를 개선
하는 개발자에게 더 호감을 느낄 수 있음을 보여준다.

직장생활에서도 일을 잘 처리하고 매사에 빈틈없이 행동하는 사
람보다는 실력이 있으면서도 간혹 작은 실수를 한 번씩 저지르는
동료가 더 호감을 받는다. 따라서 동료와 대화할 때나 어떤 사안을
놓고 토론을 할 때나 지나치게 완벽주의를 추구할 필요는 없다. 일
을 진행하다가 그 일이 잘 풀리고 완벽하게 처리되었다면 자랑하
기보다 "저는 운전면허 시험에 5번이나 떨어진 사람인데, 어떻게
운 좋게 이번 일이 잘되었네요"라고 말한다면 직장 동료들은 "저
사람이 무슨 일이나 탁월한 줄 알았더니 운전면허 시험은 나보다
훨씬 못하네" 하면서 좀 더 친근감을 느낄 것이다.

엉덩방아 효과 실험 결과

심리학자들은 엉덩방아 효과에 대한 여러 연구를 통해 이 현상을 과학적으로 입증해 왔다. 애런슨의 실험 사례는 일반적으로 사람들이 약간의 결점을 가진 사람에게 더 호감을 느낀다는 결과를 보여주고 있다

미국의 심리학자 엘리엇 애런슨(Elliot Aronson)은 대학생들을 상대로 한 가지 실험을 했다. 줄거리가 비슷한 인터뷰 녹화 영상 4개를 피실험자들에게 보여주었다.

첫 번째 영상 인터뷰는, 사회적으로 매우 우수하고 성공한 인사였다. 전체 인터뷰 과정에서 그의 태도는 아주 자연스러웠고 어휘도 고급스러웠으며 표현도 자신감이 있었다. 두 번째 인터뷰 영상은, 역시 성공한 인사였고 그의 행동은 조금 부끄러운 듯 긴장함도 보였고 인터뷰 말미에 작은 실수로 커피잔을 넘어뜨렸다.

세 번째 인터뷰 영상은, 매우 평범하고 우리 보통 사람과 비슷한 사람이었지만 별로 긴장함은 없었고 사람의 이목을 끌만한 특징이나 포인트도 보이지 않았다.

네 번째 인터뷰 영상은, 매우 평범한 인물인데 인터뷰 내내 긴장하고 앞에 놓인 커피잔을 두 번째 인터뷰어처럼 넘어뜨렸다.

이렇게 4개의 비디오 영상을 보여준 후 피실험자들에게 먼저 자기가 좋아하는 사람과 좋아하지 않은 사람을 선택하도록 했다.

그 결과 제일 환영받지 못한 사람은 네 번째 인터뷰였고, 제일 환영받은 사람은 두 번째 인터뷰에서 인터뷰도 잘하고 약간의 실수로 커피잔을 넘어뜨린 사람이었다. 자그마치 95%의 실험자들이

그를 선택했다.

　이 실험에서 보았듯이 우리가 알 수 있는 것은 사회적으로 성취한 사람들은 약간의 실수를 저질러도 그에게 호감을 갖는 것에는 영향을 미치지 않고 오히려 진정성이 있어 보이며 믿을만하다고 생각한다는 것이다.

　엉덩방아 효과는 직장인들이 완벽함을 추구하기보다는 인간다운 면모를 보여주는 것이 더 중요함을 보여준다. 직장에서는 완벽함을 추구하는 것보다는 실수를 인정하고 이를 개선하려고 노력하는 것이 더 중요하다. 이를 통해, 자신과 동료들 사이의 신뢰를 높이고, 좋은 팀워크를 형성할 수 있다. 따라서, 직장에서 상사들도 너무 완벽함을 추구하는 것보다는 자신의 결점을 인정하고 이를 개선하는 데 중점을 두는 것이 더 중요하다.

20대 초반 직장생활을 시작해서 50대 중반인 지금까지 직장 일과 가정일을 병행하며 바쁜 꿀벌 내지 앞만 보고 질주하는 경주마로 살아왔다.

내가 처음 직장에 발을 들여놓을 때만 해도 공무원이란 직업은 몇십 대 일의 높은 경쟁률을 뚫고 어렵게 들어왔기에 한번 들어오면 정년까지 가야 하는 평생직업으로 인식되는 경우가 많았다.

남들 눈에는 쉬워 보이는 공무원 생활도 중간에 그만두고 싶을 정도로 괴롭고 힘든 일도 많았지만 "괴로워도 슬퍼도 나는 안 울어, 참고 또 참지 울긴 왜 울어" 애니메이션 여주인공 캔디처럼 아주 꿋꿋하게 직장생활을 견디어 온 것도 사실이다.

50대 중반에 인생의 터닝포인트가 찾아왔다. 다람쥐 쳇바퀴 돌듯 하루하루를 살아가는 나의 모습은 일상이라는 감옥에 갇혀 자유롭지 못한 모습, 즉 그리스 로마 신화에 나오는 동굴에서 온몸이 쇠사슬에 칭칭 감겨서 꼼짝달싹하지 못하는 죄수의 모습과도 닮아 있었다. 한 가닥 희망의 빛이 있다면 묶이지 않은 손가락이라도 최대한 움직여서 무엇인가를 해야만 한다는 생각이 절실하게 들기 시작했다.

한 직장에서 한 우물만 판 세월이 35년이 다 되어간다. 어느덧 나의 인생 1막이 거의 끝나가고 있음을 어렴풋이 예감하게 되었다. 드디어 나머지 인생 2막을 위한 선택의 시간이 도래한 것이다.

내가 원하는 시간에 일을 하고, 내가 원하는 시간에 쉬고, 내가 원하는 곳에 여행도 다니고, 경제적으로도 좀 더 자유로운 삶도 열망하게 되었다. 결국, 모든 것으로부터 자유로운 삶이 살고 싶어진 것이다.

진지하게 고민하고 또 고민한 결과 남은 인생은 글을 쓰며 '작가로서의 길'을 걷기로 결심하였다. 이 책은 그 첫 결과물이다. 이제부터 나는 호모 스크립투스, 글을 쓰는 인간이다.

《사계절처럼 다양한 직장심리 인사이트》 원고를 마무리하면서 직장인의 복잡한 심리에 대한 인사이트를 구하는 데 어려움을 겪던 중에 혜성처럼 등장한 ChatGPT의 도움으로 나름 멋진 심리 책을 완성하게 되었다.

마지막으로, 부족한 원고를 다듬고 편집하는 데 정성을 쏟아주신 바른북스 직원분들과 사랑하는 가족에게 감사의 마음을 전한다.

사계절처럼 다양한

직장심리
인사이트

초판 1쇄 발행 2024. 4. 22.

지은이 안정애
펴낸이 김병호
펴낸곳 주식회사 바른북스

편집진행 김재영
디자인 김민지

등록 2019년 4월 3일 제2019-000040호
주소 서울시 성동구 연무장5길 9-16, 301호 (성수동2가, 블루스톤타워)
대표전화 070-7857-9719 | **경영지원** 02-3409-9719 | **팩스** 070-7610-9820

•바른북스는 여러분의 다양한 아이디어와 원고 투고를 설레는 마음으로 기다리고 있습니다.

이메일 barunbooks21@naver.com | **원고투고** barunbooks21@naver.com
홈페이지 www.barunbooks.com | **공식 블로그** blog.naver.com/barunbooks7
공식 포스트 post.naver.com/barunbooks7 | **페이스북** facebook.com/barunbooks7

ⓒ 안정애, 2024
ISBN 979-11-93879-69-6 03190